Inhaltsverzeichnis

Widmung

Für all meine Patienten, für alle, denen ich eine Unterstützung sein durfte, und für alle, durch deren Schmerzen und Krankheit ich ganz direkt erfuhr und empfand, wie sich energetische Störungen und Programme körperlich ausdrücken.

Danke, daß ich nicht alle Erfahrungen selbst machen mußte, sondern auch durch euch lernen konnte!

Krankheit ist ein
Symptom verirrten Lebens.
Der Körper entzieht sich
weiteren Oberflächlichkeiten
und zwingt das Leben in
die Tiefe.

HANS KRUPPKA

Vorwort

Darf ich ganz offen zu Ihnen sein? Als ich begann, dieses Buch zu schreiben, war ich von einer gewissen Überheblichkeit erfüllt. Denn ich arbeite seit zwanzig Jahren als Krankengymnastin und glaubte, vieles schon zu wissen. Ich habe durch meine eigenen Eßstörungen jede Menge Erkenntnisse über das Abnehmen und das Essen gewonnen, außerdem beschäftige ich mich seit über zwölf Jahren mit den Zusammenhängen zwischen Körper, Geist und Seele. Es dürfte also kein Problem sein, dachte ich, mal eben ein Buch über Heilung zu schreiben, welches alles enthalten sollte, was ich in den letzten Jahren erkannt, gelernt und neu entdeckt habe.

Ich hatte auch keine Einführung geplant, denn: Was sollte ich Ihnen, liebe Leser, denn bitte auch vorab großartig erklären? Dieses Buch handelt einfach davon, wie man auf seinen Körper hört und lernt, nach und nach bereit zu werden, alles zu unterlassen, was der körperlichen, geistigen und emotionalen Gesundheit abträglich ist.

So schreibe ich diese Zeilen erst jetzt, nachdem ich die Hälfte des Buches bereits vollendet habe. Es ist nämlich wie immer: Wenn ich beginne, ein Buch zu schreiben, dann zieht mich das Thema magisch in seinen Bann, ganz gleich, wie lange ich mich bereits früher damit beschäftigt habe oder nicht. Ich kann nicht aus der Distanz schreiben, im Gegenteil. Unweigerlich zieht mich das Leben in das Thema hinein. Ich erkenne dabei, wo ich selbst noch nicht so handle, wie ich es Ihnen, liebe Leserinnen und Leser, so eindringlich ans Herz legen möchte.

Nun, das Leben zeigt auch mir, was es für mich noch zu tun gibt. Es ist, als nütze es dem Buch, wenn ich alles, was ich schreibe, auch gleich noch einmal selbst erlebe und erfahre.

»Das ist auch der Fall«, höre ich gerade meine freundlichen spirituellen Führer und Lehrer sagen, und: »Warum schreibst du überhaupt? Geht es nicht darum, jedem zu zeigen, wozu er fähig ist, wenn er sich nur an seine eigenen inneren Kräfte wendet? Auch und gerade dir selbst?«

Wissen Sie, was? Während ich das Buch weiterschreibe, werde ich mich genau an das halten, was ich Ihnen erzähle und wovon ich ganz genau weiß, daß es richtig und zumindest meine einzige Chance ist. Wenn Sie mich begleiten möchten, lernen wir gemeinsam, unser Bewußtsein für unsere Schöpferkraft auf unsere Körper auszudehnen, unserer inneren Führung zu folgen und zu verstehen, was unsere Krankheiten brauchen und wozu sie dienen.

Kommen Sie mit mir? Trauen Sie sich, ein Stückchen Ihrer eigenen inneren Landschaft zu erkunden? Ich bin bei Ihnen, wir erforschen das gemeinsam, in Ordnung?

Noch eine kurze Anmerkung: Lassen Sie sich später im Text bitte nicht durch das Wort »Gott« irritieren. Ich habe lange gebraucht, bis ich es verwenden konnte, weil es für mich lange Zeit zu sehr mit kirchlichen Dogmen besetzt war. Aber es nicht zu verwenden hieße, das Kind mit dem Bade auszuschütten. Setzen Sie bitte einfach das Wort ein, das Sie gerne benutzen möchten, betrachten Sie »Gott« als X in der Gleichung.

Selbstheilungskräfte, die Kraft der Natur, Ihre eigene innere Stärke – es geht nur darum, eine Kraft zu finden, die größer ist als das Bewußtsein, mit dem Sie den ganzen Tag umherlaufen, eine Kraft, die hinter die Kulissen schaut und den Überblick hat. Diese Kraft gibt es in jedem von uns, und jeder hat sie schon einmal gespürt, ganz gleich, wie wir sie nennen.

Nicht alles, dem man sich stellt, ist zu ändern, aber nichts kann geändert werden, solange man sich ihm nicht stellt.

JAMES BALDWIN

Einführung

Ohne Gesundheit
können sich Wissen und Kunst nicht entfalten,
vermag Stärke nichts auszurichten,
und Reichtum und Intelligenz liegen brach.

HEROPHILOS (UM 335 V.CHR.), GRIECHISCHER ARZT

Liebe Leserin, lieber Leser,

Was bedeutet Gesundheit eigentlich für Sie? Was wäre anders, was müßte geschehen, damit Sie sich völlig gesund fühlten? Schreiben Sie es hier doch einfach einmal auf.

Damit ich mich persönlich gesund fühle, müßte folgendes anders sein:

....

....

Einige von Ihnen sind vielleicht schon froh, wenn sie keine Schmerzen haben. Ich arbeite schon so lange als Krankengymnastin, daß Sie mir vielleicht sogar schon begegnet sind. Vielleicht habe ich Sie massiert, vielleicht habe ich Ihnen Übungen gezeigt, oder wir haben über Ihre familiäre oder berufliche Situation gesprochen, die Ihnen Kopf- oder Rückenschmerzen bereitet. Vielleicht habe ich Ihnen ein bißchen geholfen. Geheilt habe ich Sie sicher nicht, denn zur Heilung gehört eine echte Systemänderung, und die kann nur von innen kommen.

Wenn Gesundheit nicht nur die Abwesenheit von Schmerzen ist, was ist sie dann?

Christian Friedrich Samuel Hahnemann, der Begründer der Homöopathie, erklärte den Begriff im Jahre 1810 so:
> *»Im gesunden Zustand des Menschen waltet die geistartige, als Dynamis den materiellen Körper (Organismus) belebende Lebenskraft (Autocratie) unumschränkt und hält alle seine Theile in bewunderungswürdig harmonischem Lebensgange in Gefühlen und Thätigkeiten, so daß unser inwohnende, vernünftige Geist sich dieses lebendigen, gesunden Werkzeugs frei zu dem höheren Zwecke unseres Daseins bedienen kann.«*
> *(§ 9 Organon)*

Die Weltgesundheitsorganisation WHO definierte in ihrem Gründungsjahr 1948 Gesundheit folgendermaßen:

»Gesundheit ist ein Zustand des völligen körperlichen, geistigen und sozialen Wohlbefindens und nicht nur die Abwesenheit von Krankheit oder Gebrechen.«

Aaron Antonovsky, ein bekannter amerikanisch-israelischer Medizinsoziologe, formulierte:

»Wer gesund ist, hat eine allgemeine Einstellung, die das Ausmaß eines umfassenden, dauerhaften, zugleich aber dynamischen Vertrauens beschreibt, daß die innere und äußere Umwelt vorhersagbar und überschaubar ist und daß sich die Dinge so gut entwickeln werden, wie vernünftigerweise erwartet werden kann.«
(1987, zit. in Schüffel, 326)

Was lernen wir daraus? Gesundheit ist ein umfassender Prozeß, der nicht nur den Körper, sondern immer auch den Geist und die Psyche mit einbezieht. Gesundheit befähigt uns, über uns selbst hinauszuwachsen.

Deshalb kann ein Mensch von außen, gleichgültig, wie hervorragend er Sie auch behandeln mag, nur die Grundlagen dafür schaffen, daß sich Ihr Gesamtsystem aus

Körper, Geist und Psyche (über die Seele reden wir später) in einem neuen Gleichgewicht einpendelt.

Warum ist es nun aber so schwer, sich an das zu halten, wovon wir alle wissen, daß es unsere Gesundheit fördert und wichtig für uns ist? Warum schaffen wir es nicht, regelmäßig Sport zu treiben oder wenigstens spazierenzugehen? Warum überarbeiten wir uns? Warum lassen wir es überhaupt zu so äußerst anstrengenden Zuständen wie Streß und Überlastung kommen? Warum essen wir zuviel? Warum rauchen wir? Warum nehmen wir alle möglichen Arten von Drogen, sei das nun zuviel Fernsehen, zuviel Zucker, zuviel Kaffee, zuviel Alkohol oder Schlimmeres?

Wir wissen doch, daß wir verantwortlich für unsere Gesundheit sind. Wir hören das doch immer wieder, obwohl damit meistens die finanzielle Verantwortlichkeit gemeint ist.

Wenn uns also klar ist, daß wir selbst verantwortlich sind, wenn wir eigentlich wissen, was zu tun ist – was hindert uns dann daran, dies umzusetzen?

Was genau hindert Sie persönlich daran, so zu leben, wie es für Ihr Wohlbefinden sinnvoll wäre? Stopp! Nicht so schnell, das ist keine rhetorische Frage. Bitte, halten Sie genau jetzt einen Moment inne, und spüren in sich hinein. Bemerken Sie Ärger über die Frage? Ohnmacht?

Sagt etwas in Ihnen »Ich kann aber nicht so, wie ich will«? Spüren Sie einen Kloß im Hals oder einen Knoten im Magen? Das Schwächegefühl im Körper oder die gerunzelte Stirn?

Da sind wir am Punkt. Wir leben nicht so, wie es gut für uns wäre, weil wir in den eigenen Strukturen gefangen sind. Wir müssen Geld verdienen; wir haben den Haushalt zu machen; wir arbeiten für einen Chef, der Überstunden fordert; wir machen mittlerweile zwei Jobs statt einen, weil so viele Stellen abgebaut werden. Oder eben gar keinen, das ist fast noch stressiger, wenn wir keine neuen Wege finden, damit umzugehen. Wir wohnen in Gegenden, in denen nicht einmal ein Hund Spaß am Spazierengehen hätte, und überhaupt haben wir keine Zeit, gut für uns zu sorgen.

Entspannen steht nicht auf der To-do-Liste. Entspannen werden wir uns dann, wenn endlich alles erledigt ist. Es wird aber nie alles erledigt sein, und wenn doch, dann weiß Ihr System gar nicht mehr, wie Entspannung eigentlich funktioniert. Dann wollen Sie sich entspannen, können aber nicht.

Wenn wir unser Leben mit dem Atem vergleichen, dann atmen wir aus und aus und aus (wir geben und geben und geben), nehmen uns aber nie wirklich die Zeit, in Ruhe einzuatmen, geschweige denn, den Atem einfach mal fließen zu lassen.

Dies ist kein Buch über Atemtherapie, davon gibt es bereits zahlreiche. Es ist ein Buch über Ohnmacht und Selbstverantwortung, über die eigene Schöpferkraft und die innere Freiheit, über Mut und über die pure Lust am irdischen, körperlichen Leben.

Sie werden etwas darüber hören, warum es auf eine verrückte Weise einen Sinn ergibt, nicht im Fluß mit sich selbst zu sein, also nicht heil zu sein. Und wir werden sehr viel über das Loslassen, über Selbstheilungskräfte und Höhere Mächte sprechen. Wir werden darüber reden müssen, ob Sie überhaupt auf der Erde sein wollen und wie und warum Sie vielleicht verhindern, daß Sie voll und ganz in Ihrem Körper anwesend sind.

Das Leben auf der Erde kann eine äußerst schmerzhafte, unbefriedigende und unerfüllte Angelegenheit sein. Dann ziehen wir im besten Fall die siebzig, achtzig Jahre irgendwie durch, meist ohne zu bemerken, daß wir wie scheintot durch die Gegend laufen. Wir funktionieren, befolgen Anweisungen und beugen uns den äußeren Umständen. Damit wir überhaupt einen Grund bekommen, zu leben, werfen wir Anker aus, die uns Halt geben sollen. Wir suchen uns einen Stoff oder eine Tätigkeit, die uns all das erfüllen soll, was das in höheren Sphären so hochgepriesene Leben auf der Erde erträglich macht. Wir essen oder arbeiten viel zuviel, wir rauchen, trinken und haben Sex mit den falschen Personen, um überhaupt etwas zu spüren. Wir bekämpfen unsere Schmerzen mit Tabletten, Alkohol oder anderen Drogen, anstatt nach der Ursache zu forschen.

Das ist für unsere Seele eine wichtige Erfahrung, aber wir haben sie jetzt gemacht. Jetzt ist es Zeit für Plan B.

Das Leben auf der Erde kann nämlich auch ein einziges aufregendes wundervolles Abenteuer sein, wenn Sie nur ein paar Dinge berücksichtigen.

Schauen Sie sich bitte die Buchstaben der beiden folgenden Wörter an, dann wissen Sie, was Ihnen noch fehlt.

Vom *OPFER* zum SCHO*EPFER*

  S für Selbstverantwortung
  C für Courage und Creativität
  H für Hier und Jetzt
    und
  E für Entspanne dich!

Wenn Sie all das verwirklichen wollen, ist es unbedingt erforderlich, daß Sie sich selbst spüren, daß Sie Ihren Körper, Ihre Gefühle und Ihre Gedanken wahrnehmen. Wenn Sie darauf bestehen, nicht zu fühlen, verhindern Sie Ihr Leben.

Aber wenn Sie sich für dieses Thema interessieren, dann

sind Sie soweit, diese Erfahrung hinter sich zu lassen.
Wären Sie noch nicht an diesem Punkt, dann kämen Sie
nämlich erst gar nicht darauf, daß das überhaupt möglich sein könnte.

Solange wir in unseren irdischen Kinderschuhen stek-
ken, glauben wir nicht, daß wir etwas ändern können –
wir rennen unseren vermeintlichen Glücksbringern hin-
terher, und das war´s. Dieses Buch ist also für die Seelen
gedacht, die aufwachen, die sich entscheiden, etwas zu
verändern, die den Mut haben, ihre Verantwortung tatsächlich nach und nach wahrnehmen und tragen zu
lernen. Andere interessieren sich sowieso nicht dafür.

Wir wissen mittlerweile, daß wir allein die Verantwortung für uns selbst haben. Wer sonst, wenn nicht wir?
Und jetzt dürfen wir lernen, diese Aufgabe zu erfüllen.
Wir lernen, wen wir um Unterstützung bitten können,
wem wir unser Leben in die Hände geben und welche
unserer vielen inneren Kräfte das Zepter erhält. Wir
lernen, unser Leben bewußt zu lenken, unbewußt tun wir
das ohnehin.

Und Sie erfahren, welche innere Kraft nur darauf wartet,
endlich damit zu beginnen.

Ich bitte darum, Sie von nun an duzen zu dürfen (wie ich
das in meinen Büchern immer tue), denn wir kommunizieren hier von Seele zu Seele, von geistigem Wesen zu
geistigem Wesen. Wir machen die gleichen Erfahrungen

und haben ähnliche Wünsche, Träume und Ziele, deshalb möchte ich dir hier ganz persönlich begegnen, wenn du es erlaubst. (Fühlen Sie sich unwohl dabei, denken Sie sich statt des Du bitte einfach das Sie.)

Um eines noch möchte ich dich bitten. Wie gesagt, arbeite ich seit langem als Krankengymnastin, aber auch als Reinkarnationstherapeutin und beziehe mich deshalb manchmal auf die Reinkarnation. In meinen Büchern schreibe ich so, als würde es sie geben, weil sie für mich selbstverständlich ist. Ich bestehe nicht darauf, daß wir wiedergeboren werden, ich halte diese Therapieform aber für ein sehr gut funktionierendes Werkzeug, mit dem man Energien lösen kann, und vieles ergibt unter diesem Aspekt viel mehr Sinn. Wenn du dich damit nicht anfreunden kannst oder Reinkarnation deinem Glauben widerspricht, dann bitte ich dich inständig, überlies die Stellen einfach, und ärgere dich nicht. Wirf nicht den ganzen Inhalt weg, nur weil vielleicht ein paar Ansichten für dich nicht stimmig sind. Ich danke dir sehr für deine Offenheit.

Der menschliche Körper
oder
Bloß nicht atmen

Der Körper, das ist ein spannendes Thema! Vielleicht bist du bereits sehr vertraut mit deinen Energiezentren, kennst dich aus mit Yoga, Meditationen und weißt vielleicht auch, was eine Aura ist.

Vielleicht aber glaubst du auch, dein Körper wäre irgendein von deinen Gefühlen und Gedanken unabhängiger Apparat, mit dem du dich herumschlagen mußt und der von Zeit zu Zeit, einfach so, aus heiterem Himmel, die unmöglichsten Krankheiten oder Schmerzen entwickelt. Dann gehst du vielleicht zum Arzt, der hat das gelernt und der soll dich wieder heil machen.

Du tust so, als hätte die Krankheit nicht ihren Ursprung in dir selbst. Kannst du dir vorstellen, daß du dich möglicherweise irrst?

Es gibt sehr ausführliche wissenschaftliche Bücher über die Zusammenhänge zwischen Gefühlszuständen und dem Körperempfinden. Es geht darin um Hormone und Gehirnzentren, um Nervenzellen, Drüsen und um Biochemie.

Nutzt dir das etwas? Nein, denn dein Verstand ist zwar wunderbar, aber wenn du etwas nicht am eigenen Leib spürst, dann glaubst du es nicht wirklich. Und das ist gut so.

Du kannst wissenschaftliche Abhandlungen über eine Rose lesen, verstehen, wie sich das mit den Duftmolekülen und der Photosynthese verhält, du kannst sogar das Wunder der Schöpfung darin erkennen, weil dein Verstand die einzigartige Struktur wahrnimmt – aber das war es dann schon. Du hast die Rose nicht mit allen Sinnen wahrgenommen, deshalb existiert sie für deine Sinne auch nicht.

Was für eine Verschwendung, die Rose nicht zu riechen, ihre weichen Blütenblätter nicht an deiner Wange zu spüren und ihre leuchtenden Farben nicht tief in dich aufzunehmen!

Du bist ein sinnliches, körperliches Wesen, es nutzt dir nichts, etwas nur zu wissen. Das ist sehr wichtig, um die geistigen Strukturen zu erfassen, aber Wissen berührt dich nicht wirklich.

Es ist enorm wichtig, daß du spürst, wie alles zusammenhängt, daß du an dir selbst wahrnimmst, wie du funktionierst. Du mußt dies selbst erfahren und verinnerlicht haben; es genügt nicht, daß du daran glaubst oder eben nicht.

Darf ich dich um etwas bitten? Das gilt besonders, wenn du der Meinung bist, es könnte einen Zusammenhang zwischen deinen Gefühlen und deinem Körper geben, aber keinen, der eine große Rolle spielt.

Alles, was du brauchst, ist ein bißchen Bereitschaft, dich auf ein Experiment einzulassen und zu fühlen, was du fühlst.

Experiment

Bitte schließe deine Augen, und beobachte deinen Atem. Dazu mußt du weder meditieren können noch irgendeine großartige Atemtechnik beherrschen. Achte einfach nur darauf, wie dein Atem fließt. Ja, deine Gedanken darfst du denken, du brauchst dich nicht einmal anzustrengen. Wohin fließt der Atem? In die Schultern? In die Brust? In den Bauch? Es spielt keine Rolle, nimm es einfach nur wahr. Hier geht es nicht um richtig oder falsch.

Hast du etwas gespürt? Vielleicht nur ein kleines bißchen? Du achtest normalerweise nicht so sehr auf deinen Atem, nicht wahr? Aber immerhin, du hast sicher einige Bewegungen in deinem Körper wahrgenommen. Kannst du dir vielleicht merken, wo du etwas gespürt hast? Wiederhole die Übung lieber, das ist wichtig.

Wo spürst du den Atem? Im Bauch, in den Schultern, in deiner Brust?
Und wie spürst du ihn? Tief, frei und leicht? Oberflächlich und angespannt? Irgend etwas dazwischen?

So, und nun stelle dir bitte ganz bewußt eine angenehme Situation vor. Vielleicht bist du mit deinem oder deiner Geliebten zusammen? Vielleicht streichelst du eine Katze oder das weiche Haar deines Kindes? Vielleicht genießt du auch die blühenden Bäume und den blauen Himmel vor deinem inneren Auge. Stelle dir einfach etwas vor, was bei dir eine positive Reaktion auslöst.

Was macht dein Atem? Ist er freier, tiefer? Unverändert? Oder verkrampfter? Auch hier ist alles möglich, nimm es nur wahr, und merke es dir.

Wo spürst du den Atem? Im Bauch? In den Schultern? In deiner Brust?
Und wie spürst du ihn? Tief, frei und leicht? Oberflächlich und angespannt? Wieder irgend etwas dazwischen?

Und eine letzte Übung, leider wird es nun ein wenig unangenehm:

Stelle dir bitte eine Situation vor, in der du dich nicht wohl fühlst. Zum Beispiel bist du beim Zahnarzt, oder du bist bei der Arbeit, und dein Chef steht hinter dir und schaut dir über die Schulter, oder du hast Ärger mit deinem Kind. Du verstehst das Prinzip: unangenehme Situation vorstellen … sich schlecht fühlen … auf den Atem achten.

Bitte verzeihe mir, daß ich dich in diesen Teil der Übung geführt habe. Sie dient einem guten Zweck, nämlich deinem Verständnis für das, was sich zwischen deinem inneren Zustand und deinem Körper abspielt.

Wo spürst du nun den Atem? Im Bauch? In den Schultern? In deiner Brust?
Und wie spürst du deinen Atem jetzt? Tief, frei und leicht? Oberflächlich und angespannt? Irgend etwas dazwischen?

Wenn du jetzt dreimal das gleiche gefühlt hast, dann bitte ich dich, die Übung zu wiederholen und diesmal noch deutlicher auf deinen Atem zu achten.

Es ist manchmal ein bißchen schwierig, sich selbst zu spüren. Du hast vielleicht nicht besonders viel Übung darin, eher im Gegenteil. Es scheint ein großes Interesse daran zu geben, daß wir verlernen, uns selbst zu spüren. »Das bildest du dir bloß ein!« ist so ein Satz, der das

Gefühl zu sich selbst zerstört. Woher will der- oder diejenige wissen, was du dir einbildest und was nicht? Das geht so weit, daß es Menschen gibt, die nach einer wohltuenden Heilbehandlung sagen, sie bildeten sich ein, es tue nicht mehr ganz so weh, anstatt daß sie ihrer Wahrnehmung vertrauen. Wenn sie sich einbilden, daß es nicht mehr so weh tut, liegt es dann nicht möglicherweise daran, daß es wirklich so ist?

(Versuch das einmal: Bilde dir ein, daß du weniger Schmerzen hast. Wenn du das kannst, bist du schon ziemlich weit ...)

Ärzte sind leider auch oft ganz gut dabei, einem zu erzählen, daß man nichts spüre, oder was man spüren solle. »Das kann gar nicht weh tun.« – »Soo schlimm kann es gar nicht sein.« Und die Eltern sind oft auch nicht viel besser: »Du hast überhaupt keinen Grund zum Weinen.«

Doch, hast du. Doch, es ist so schlimm. Und doch, es tut sogar verdammt weh. – Erlaube niemandem, dir deine Wahrnehmungen für dein Empfinden abzusprechen, noch nicht einmal dir selbst.

Schließe noch einmal deine Augen, und tue so, als könntest du dem, was du spürst, vertrauen. Jetzt stelle dir die unangenehme Szene von vorhin noch einmal vor. Was macht dein Atem? Wird er wieder flacher?

Und nun gehen wir einen Schritt weiter.

Was fühlst du noch in deinem Körper? Spürst du da irgendwo eine Enge, eine Spannung? Verkrampfen sich deine Muskeln an einer bestimmten Stelle? Bemerkst du einen Schmerz, der dir vertraut ist? Wie fühlt sich dein Magen an? Dein Nacken? Deine Wirbelsäule?

Du kennst die Redewendungen: »Ich habe eine Wut im Bauch.« – »Die Angst sitzt mir im Nacken.« – »Mir ist eine Laus über die Leber gelaufen.« (Ärger) – »Mir läuft die Galle über.« (Wut) – »Das geht mir an die Nieren.« (Traurigkeit) – »Das bricht mir das Herz.« (tiefe Trauer) ... Spüre und atme in die Stelle hinein, wo du die Enge fühlst.
In welchem inneren Zustand bist du im Moment? »Blöde Frage, was weiß ich, in welchem inneren Zustand ich bin?« denkst du vielleicht. Aber du findest es ganz einfach heraus, wenn du bereit bist, nur einen kleinen Moment in dich hineinzulauschen. Du spürst deinen Zustand sehr genau, du bist nur vielleicht nicht mehr sonderlich gut mit deinem Körper in Kontakt.

Möglicherweise siehst du eine Farbe. Welche ist es? Ist sie leuchtend, grell, trüb oder einfach nur dunkel? Gefällt sie dir?

Oder ein inneres Bild erscheint. Kommst du dir vor, als würdest du immer im Kreis rennen? Oder als hättest du einen Knoten im Magen? Was auch immer auftaucht, du brauchst es nicht zu verändern, nimm es nur wahr.

Oder du erinnerst dich an eine ganz bestimmte Situation? Wer steht da wirklich hinter dir? Ist es vielleicht ein Lehrer aus der Schule, der dir immer Ärger bereitet hat? Oder dein Vater, dem du es nie recht machen konntest? Fallen dir Worte ein, die deinen Gefühlszustand beschreiben? Es spielt keine Rolle, wie deutlich du ihn wahrnimmst, die Hauptsache ist, du bemerkst, daß er da sind.

Ist das nicht spannend? Du stellst dir etwas vor, und schon bist du mittendrin in deinem eigenen Geschehen. Dein Atem reagiert, deine Muskeln spannen sich an, Bilder, Gefühle, Gedanken kommen, und manchmal haben sie nur ganz am Rande etwas mit deiner ursprünglichen Vorstellung zu tun.

Darf ich dich nun noch um einen weiteren Schritt bitten? Bleibe in dem Bild, und versuche zu spüren, was dein Körper jetzt gerne tun würde. Gibt es eine Handbewegung, eine Geste? Möchtest du am liebsten aufstehen und gehen? Willst du deinen Kopf ein wenig zur Seite neigen oder drehen, um zu schauen, wer hinter dir steht?

Möchtest du mit deinem Ellbogen nach hinten stoßen? Willst du wie ein Kind »Weg da!« rufen? Möchtest du dich schütteln?

Erlaube deinem Körper, die Bewegung zu machen, ganz gleich, was es für eine ist. Sei sicher, es ist die richtige und du machst es sehr gut.

Was macht dein Atem jetzt? Fließt er wieder leichter?

Und jetzt mache diese ganze Übung noch einmal mit einem angenehmen Bild. Spürst du den Unterschied?

Ob du nun all diese Zustände bewußt wahrnimmst oder nicht, spielt für deinen Körper keine Rolle. Er reagiert einfach auf diese Weise, und zwar den ganzen Tag, auf alles, was in deinem Leben geschieht.

Man kann sogar so weit gehen, zu sagen, daß dein Körper all deine inneren Zustände ausdrückt, ob es dir bewußt ist oder nicht. Das ist letztlich die Aufgabe deines Körpers, deshalb hast du ihn überhaupt.

Es ist ganz einfach. Was tust du, wenn du traurig bist? Nein, nichts Kompliziertes. Was tut dein Körper?

Eine Reaktion auf Traurigkeit sind Tränen, also weinst du, wenn du traurig bist. Und sei sicher, ob du nun weinst oder nicht, dein Körper produziert Tränenflüssigkeit. Und wenn du nicht weinst, weil es dir peinlich ist oder weil du dich nicht so gehenlassen willst, dann produziert er sie dennoch. Du kannst den natürlichen Ausdruck deines Körpers zwar kontrollieren, aber nicht verhindern.

Noch einfacher: Was machst du, wenn du dich freust? Richtig, du lächelst. Was passiert, wenn du erschrickst? Du zuckst zusammen. Du langweilst dich? Deine Mundwinkel hängen herunter, deine Schultern werden schwer, dein Atem geht flach. Du ärgerst dich? Du ziehst die Augenbrauen zusammen, preßt deine Lippen aufeinander. Dabei spielt es, wie gesagt, keine Rolle, ob du dein Gefühl tatsächlich wahrnimmst. Dein Körper nimmt es wahr und drückt es aus.

Das ist auch sehr sinnvoll, denn durch deine Gefühle reagierst du auf deine Umwelt, und dein Körper ist dazu da, diese Reaktion nach außen zu bringen, sichtbar werden zu lassen, spürbar für andere. Und zu reagieren, wenn es sein muß.

Dein Körper ist das Werkzeug, mit dem du dich zeigst, dich ausdrückst, die Erde wahrnimmst und reagierst.

Und selbst wenn du den natürlichen Ausdruck deines Körpers unterbindest, dient er deinen Gefühlen. Er kann nicht anders, er ist untrennbar mit ihnen verbunden. Dann dient er eben den Gefühlen von Angst und von »Ich kann mich nicht zeigen, wie ich bin«.

Es passiert sowieso, verstehst du das? Selbst wenn du

dich für den Rest deines Lebens hinter einer starren Maske verbergen würdest, wäre das nur eine nach außen gebrachte Aussage über deine Art, mit dir und der Welt umzugehen. Du kannst nicht verhindern, daß du dich zeigst.

Wenn es nicht deine natürlichen Gefühle und Handlungsweisen sind, also jene, welche du ganz spontan ausleben möchtest, dann sind es die, mit denen du dich der Welt zeigen willst. Und auch das sagt alles darüber aus, wie du dich darin fühlst.

Glaubst du, es wäre gefährlich oder ein Zeichen von Schwäche, Gefühle zu zeigen? Dann drückt dein Körper genau diese Angst aus (zum Beispiel angespannter Nakken, flacher Atem, starre Gesichtszüge).

Schaue in die Gesichter deiner Mitmenschen, viele von ihnen zeigen ihre Gefühle ganz automatisch, ohne es zu wollen, und viele merken es nicht einmal. Oder schaue in den Spiegel, da siehst du es vielleicht auch.

Dein Körper drückt aber nicht nur deine inneren Zustände aus. Du hast auch eine Art Regler in dir, der immer auf deine Umwelt reagiert und dich vor Gefahren schützt.

Ganz deutlich erkennst du das – so banal es ist –, wenn du zu nahe an eine Kerzenflamme kommst. Deine Hand zuckt zurück, schneller, als du es bewußt je tun könntest.

Deine Hand kann nicht anders, das ist ein Reflex, sie hat keine Wahl. Es sei denn, du trainierst es ihr über einen sehr langen Zeitraum durch intensives Üben ab.
Und selbst dann wird dein Körper noch immer bestrebt sein, dich aus der Gefahrenzone zu retten. Das ist der Selbsterhaltungstrieb.

Dein Körper schützt sich selbst rasch und direkt, und dabei ist es gleich, ob du die Gefahr bewußt wahrnimmst oder nicht. Das ist auch sehr sinnvoll, denn sonst müßtest du deine Aufmerksamkeit ständig überall haben, um alle möglichen Gefahren schnell genug erkennen, sie einschätzen und darauf reagieren zu können. Du könntest dann nicht einmal mehr ein Wort mit jemandem wechseln, denn du wärst zu beschäftigt.
Zum Glück hast du eine Art inneren Beobachter, der sehr viel mehr wahrnimmt, als du bewußt mitbekommst. Er hat immer alle Antennen ausgefahren, weiß genau, was dir schadet und was nicht, und gibt deinem Körper ständig entsprechende Impulse.

Was aber ist mit den für dich weniger offensichtlichen Gefahren? Mit dem Menschen, der dir zu nahe tritt, so daß du zurückzucken willst, aber aus Höflichkeit stehen bleibst? Mit dem Lärm, der dein Büro verseucht, so daß du dir am liebsten die Ohren zuhalten möchtest? Mit dem

Streit, den du mit anhören mußt, obwohl er dir vielleicht den Tag verdirbt, so daß du am liebsten das Zimmer verlassen würdest?

Dein Körper erkennt auch solche Situationen sehr wohl als Gefahren an. Wie immer tut er nun, was dich schützt – er bringt dich aus der Gefahrenzone. Er ist bedingungslos auf deiner Seite und immer bestrebt, in einem ausgeglichenen Zustand zu bleiben. Wenn du es ihm erlaubst.

Es ist zum Beispiel ausgesprochen sinnvoll, einen Schritt zur Seite zu treten, wenn dir jemand gegenübersteht, der dir unangenehm ist. Denn damit verläßt du sein Energiefeld, seine Ausstrahlung, und er kann dich nicht mehr so leicht aus dem Gleichgewicht bringen.

Möglicherweise wirkt das unhöflich, aber es ist gesünder für dich. Und weil dein innerer Regler auf dich aufpaßt, bekommt dein Körper den Impuls, einen Schritt zur Seite zu treten. Für ihn hat deine innere Ausgeglichenheit immer Vorrang.

Du kannst dich nun zwar selbst daran hindern, den Schritt zur Seite zu machen, weil du nicht unhöflich sein willst, aber deine Muskeln haben den Befehl bereits erhalten.

Was passiert, wenn du dich gegen deine spontane Reaktion wehrst?

Bremst du eine Bewegung aus, noch bevor sie begonnen hat, so sind die biochemischen Befehle aus dem Gehirn bereits in den Zellen der Muskulatur angekommen. Die Muskeln spannen sich an, um den Schritt auszuführen, da erhalten sie einen zweiten Befehl – nämlich den aus deinem Kopf, »Wehe, ihr wagt es, euch zu rühren!« – und spannen sich gegen den Ursprungsimpuls, um den Schritt nicht zu machen. Gleichzeitig atmest du flacher, um die Spannung besser auszuhalten. (Wenn du nicht allzu tief atmest, spürst du deinen inneren Zustand nicht mehr so deutlich, und dein Körper weiß das.)

Das alles ist unglaublich anstrengend und verbraucht jede Menge Energie. Es passiert, ohne daß du auch nur den kleinsten Schimmer davon wahrgenommen hast. Und dann wunderst du dich, daß du abends Knieschmerzen hast.

Normalerweise mußt du jahrelang trainieren, um die natürliche Reaktion deines Körpers kontrollieren zu können, wie es zum Beispiel – auf sinnvolle Weise – beim Yoga geschieht. Aber ist das nicht vielleicht genau das, was du – auf weniger sinnvolle Weise – seit Jahren tust? Es kann sein, daß dir dieses Stillhalteabkommen mit deinem Körper einmal gedient hat. Vielleicht als du ein Kind warst und es sicherer war, nicht aufzumucken. Nun aber bist du erwachsen, du darfst dich wehren und für dich sorgen.

Das gleiche geschieht, wenn du Zuneigung, Liebe oder Mitgefühl zurückhalten willst, obwohl es dein Körper in Form einer Umarmung, einiger Sätze oder einer Geste ausdrücken möchte. Wie oft hast du dich zurückgehalten, nichts gesagt, obwohl dir »das Wort auf der Zunge lag«? Wie oft hast du die Arme stillgehalten, die Hand nicht ausgestreckt, um jemanden liebevoll, freundschaftlich oder mitfühlend zu berühren oder gar zu umarmen?

Es ist das gleiche Prinzip: Der emotionale Impuls ist da, der körperliche folgt unmittelbar – und dann schaltet sich die Angst (vielleicht mit der kühlen Stimme der Vernunft, aber es ist dennoch Angst) dazwischen. Du entscheidest dich, auf sie zu hören, und bremst dich in der Ausführung der Geste, noch bevor du sie begonnen hast.

In allen diesen Situationen sind die Muskeln zwischen zwei Bewegungsimpulsen hin- und hergerissen und verkrampfen. Wenn du das ein paarmal pro Tag tust, dann »friert« deine Schulter »ein«; es gibt sogar ein Krankheitsbild, das genau so heißt, »frozen shoulder«. Zurückgehaltene Umarmungen verursachen häufig Schulterprobleme, wie du dir leicht vorstellen kannst, wenn du dir überlegst, welche Muskelgruppen du blockieren mußt, um die Bewegung zu stoppen. (Umarme einfach jemanden, vielleicht auch dich selbst, dann spürst du, welche Muskeln sich dabei anspannen.) Außerdem darfst du auch hier nicht vergessen, flacher zu atmen, damit du deine Zuneigung nicht mehr so deutlich spürst, sonst wird es zu schwer, die Umarmung nicht zu geben. Dadurch geht es dir auch nicht unbedingt besser, denn nun wird dein ganzer Körper nicht mehr richtig mit Sauerstoff versorgt. Was für ein Aufwand!

Du sagst jetzt vielleicht, daß du Knieschmerzen hast, weil du den ganzen Tag gezwungen bist, in unbequemen Schuhen über viel zu harte Böden zu gehen. Dein Arzt sagt dir, deine Rückenprobleme kommen von deiner Arbeit, du bewegst dich zuwenig und sitzt zuviel. Oder du trägst viel zu schwer und ruhst dich zuwenig aus. Die Schultern schmerzen, weil du den ganzen Tag am Computer arbeiten mußt und Zeitdruck hast. Der Nacken tut weh, weil du Bildschirmarbeit machst, und deinen Tennisellbogen hast du dir bei der Gartenarbeit zugezogen. Du hast ein Haus gebaut und dir dabei den Rücken ruiniert oder du sitzt den ganzen Tag im Auto und rast von Termin zu Termin, was deinen Bandscheiben nicht gut bekommt.
Dein körperlicher Zustand hat nichts mit dir und deinem Befinden zu tun, sagst du vielleicht noch immer.

Offensichtlich nutzt es dir, das so zu sehen. Die Frage, ob und wie innere Zustände mit dem Körper zusammenhängen, ist ganz leicht zu beantworten, du hast es gerade gespürt.

Bleiben zwei viel grundsätzlichere Fragen: Was für einen Sinn hat es für dich, darauf zu bestehen, daß dein Körper ein unabhängiges Eigenleben führt? Warum verleugnest du, was du mit nur ganz wenig Aufmerksamkeit spüren kannst?

Dafür gibt es zwei Gründe: Der erste ist, daß das Verleugnen im Bereich deiner Möglichkeiten als menschliches Wesen liegt, und das Experiment, einen menschlichen Körper zu haben, dient dazu, alle Möglichkeiten auszuschöpfen. Das nutzt dir im Moment nicht viel, ich nenne es nur der Vollständigkeit halber. Der zweite Grund ist naheliegender. Denn wenn du deine Wahrnehmungen zuließest, würde es dich zum Handeln treiben. Und dann ginge der Ärger richtig los. Denn du würdest spüren, wie ohnmächtig du dich möglicherweise fühlst.

Ein kurzes Beispiel:
Vielleicht hast du dich gewundert, als du bei der Übung mit der unangenehmen Situation, in der du dir vorgestellt hast, dein Chef stünde hinter dir, einen leichten Anfall von Atemnot bekommen hast.

Das war bloß in deiner Phantasie. Kannst du dir vorstellen, was dein Atem macht, wenn dein Chef tatsächlich hinter dir steht? Dein Atem reagiert so und eventuell noch schlimmer, und das mehrmals am Tag. Ich wage zu bezweifeln, daß du danach immer wieder bewußt Luft holst, wenn »die Gefahr vorbei ist«. Vielleicht greifst du eher zur Zigarette, um tief durchzuatmen, oder?

Nun, jetzt weißt du, was in deinem Körper passiert, wenn du dich bedroht fühlst, weil dein Chef hinter dir steht (dabei spielt es keine Rolle, ob du tatsächlich bedroht bist oder nicht).
Und was weiter? Was willst du tun? Nutzt es dir etwas, das zu wissen? Nein, noch nicht, denn du kannst diese Situation nicht verhindern. Im Gegenteil: Jetzt, wo du gespürt hast, wie schlecht es dir dabei geht, kannst du den Rest des Tages damit verbringen, dir Gedanken darüber zu machen. Denn du bist das Opfer, um es einmal so drastisch auszudrücken, nicht der Täter.
Du glaubst, du hast sowieso keine Kontrolle über die Situation. Oder willst du zu deinem Chef hingehen und ihm erklären, er soll dir bitte nicht mehr über die Schulter schauen, weil du davon Asthmaanfälle bekommst? Dann kannst du dir wahrscheinlich gleich die Kündigung abholen, und dann möchte ich nicht dein Atem sein ... Aber genau hier, in deiner Ohnmacht, setzt das Genesungsprogramm ein.

Die Gier nach
Bequemlichkeit, diese
Heimlichtuerin, betritt
das Haus als Gast,
wird dann zur Wirtin
und schließlich zur
Meisterin.

KHALIL GIBRAN

Der erste Schritt

Erkenne, daß die Art, wie du bisher versucht hast, deinen Körper und seine eventuell schmerzhaften und unangenehmen Reaktionen zu kontrollieren, nicht funktioniert. Es nutzt dir weder etwas, deinen Körper zu ignorieren, noch, innerlich abzuschalten, auch mit Härte kommst du hier nicht mehr weiter.

Nichts ist stärker als dringende Notwendigkeit.

EURIPIDES

Du kannst nicht verhindern, daß dir dein Chef über die Schulter schaut, und du kannst nicht verhindern, daß du dann nicht mehr atmest. All deine Versuche, das nicht wahrzunehmen, funktionieren nicht. Aber vielleicht gibt es etwas Besseres?

Möglicherweise würde es dir einfallen, wenn du dich für ein paar Momente der Situation, so wie sie ist, stelltest und dir bewußt erlaubtest, zu fühlen, was du fühlst, ohne es gleich wieder zu verdrängen, weil du sowieso nicht an eine Lösung glaubst.

»Leichter gesagt als getan«, erwiderst du eventuell. Das heißt nichts anderes, als daß du noch nicht bereit bist, dich auf Veränderungen einzulassen.

Loslassen bedeutet nichts weiter, als die Kontrolle aufzugeben und die Dinge so zu lassen, wie sie nun einmal sind. Es ist ein Schritt des Lassens, nicht des Tuns, du wechselst energetisch vom Yang ins Yin.*

Der erste Schritt ist, überhaupt erst einmal zu erkennen, was los ist, und deine vertrauten Abwehrmechanismen nicht greifen zu lassen. Erst wenn du bereit bist, die Situation – welche du durch flachen Atem, Selbstbeschwichtigung und was dir sonst noch so einfällt, zu vermeiden versuchst – in voller Intensität zu spüren, kommt die Kraft, etwas zu verändern. Im ersten Schritt läßt du deine Mechanismen, dich selbst zu kontrollieren, los, weil sie dir nicht dienen. Sie verhindern nur, daß echte Kraft zu fließen beginnt.

Erlaube dir also – auch wenn es nur für eine Sekunde ist –, wahrzunehmen, was du schon so lange verdrängst. Atme in dich hinein, und lasse den Gedanken zu, daß da ein Gefühl von Angst sein könnte (zum Beispiel: für immer Schmerzen zu haben, den Arbeitsplatz zu verlieren, zuwenig Geld zu verdienen, vom Partner verlassen zu werden, zu dick zu werden, zu sterben), welches du

---

*Yin und Yang (chin.) beschreiben das Prinzip der Polarität, der Gegensätzlichkeit; alles Leben findet im Zusammenspiel dieser beiden Pole statt (dunkel–hell, kalt–warm, Schatten–Licht usw.)

mit allen Mitteln unter Kontrolle zu halten versuchst.
Würdest du deinem Körper ein klein wenig Aufmerksamkeit schenken, auch während du arbeitest, dann würdest
du spüren, wann er sich dehnen und recken will, wann
es Zeit ist, einige Schritte zu gehen und ab und zu tief
durchzuatmen. Du würdest wahrnehmen, was in deinem
Körper passiert, wenn dich deine Arbeitskollegin mit
ihren Familienproblemen überhäuft oder dein Chef zuviel
Druck macht. Du würdest es nicht einfach hinnehmen,
sondern darauf reagieren.

Aber das tust du nicht, weil du wahrscheinlich deiner
Angst dienst, nicht deiner Lebendigkeit. Und ebendas ist
letztlich die Ursache all deiner Schmerzen. Denn hättest
du Vertrauen (zu wem oder was erfährst du im nächsten
Schritt), würdest du ein paar Tage nicht arbeiten, wenn
du Ruhe bräuchtest, du würdest dafür sorgen, daß du
genug Entspannung und Bewegung bekommst, und du
würdest dich weigern, unter ungesunden Bedingungen
zu arbeiten, zu wohnen und überhaupt zu leben.

Was fehlt, ist dein NEIN zu diesem Zustand. Solange du
ja sagst (nicht ausdrücklich nein zu sagen ist auch ein
Ja), wird es so bleiben, und du wirst das Opfer deiner
eigenen Ängste sein.

»Ich sage aber nicht ja«, denkst du vielleicht. Du spürst
jetzt, daß dein Körper sehr wohl deine inneren Zustände

spiegelt. Aber du kannst damit nichts anfangen, es ändert nichts, denn du mußt ja arbeiten und Geld verdienen. Einige Dinge sind eben, wie sie sind, und du kannst nicht plötzlich aussteigen.

Das brauchst du auch nicht. Wir steigen nirgendwo mehr plötzlich aus, das wäre nur wieder ein neuer Schock. Wir erlauben lediglich, daß sich die Dinge langsam zum Guten wenden.

Bist du bereit, etwas auszuprobieren? Wirklich? Danke, das finde ich sehr mutig.

Stelle dir jetzt, in diesem Moment, eine besonders unangenehme Situation vor. Eine Situation, die dir im wahrsten Sinn des Wortes Schmerzen oder Unbehagen bereitet. Spüre noch einmal, was mit deinem Körper passiert, wie der Fluß der Energie in dir ins Stocken gerät, dein Atem flacher wird. Spüre das einmal in aller Deutlichkeit.

Bist du tatsächlich auch nur noch eine Minute länger bereit, auf diese Weise deine Energie zu verschwenden? (»Ja, aber wie soll ich es ändern?« ... Vergiß es!)

Noch einmal: Willst du diesen Zustand wirklich noch länger aushalten? Sage bitte laut und deutlich NEIN, wenn du genug davon hast. Ja, jetzt.

Du brauchst dazu nicht zu wissen, wie du etwas ändern sollst, das ist nicht deine Aufgabe und liegt nicht in deiner Verantwortung. Wüßtest du es, hättest du es schon längst getan.

Weil du vergessen hast, daß du nicht für die Antworten zuständig bist, kannst du dir deine unhaltbaren inneren Zustände vielleicht nicht eingestehen. Also spaltest du dich von deiner Wahrnehmung ab, verleugnest, daß du ein fühlendes Wesen bist, und beginnst, traurig zu funktionieren.

Aber alles, was nötig ist, um das zu ändern, ist dein energisches NEIN.

Dazu mußt du dieses Nein spüren, und das kannst du nur, wenn du zuläßt, daß du deinen Zustand wirklich und wahrhaftig mit allen Sinnen wahrnimmst. Solange du dich von deiner Wahrnehmung abspaltest, die Schmerzen und die Anspannung in deinem Körper ignorierst oder sie auf deinen unmöglichen Schreibtischstuhl (und damit auf deinen Chef oder die Firma, die dir keinen anderen genehmigt) schiebst, solange du dich selbst beschwichtigst, indem du behauptest »es ist nicht so schlimm, anderen geht es noch viel schlechter« oder dich so sehr in deinen Kopf flüchtest, daß du deinen Körper gar nicht mehr richtig spürst, solange du dich einfach nicht auf die Waage stellst oder nicht zum Arzt gehst, so lange hast du nicht die Kraft für ein Nein!

Erst wenn du deine Verspannungen, deine Schmerzen oder deine innere Unruhe ungefiltert zuläßt, kommt dein Selbsterhaltungstrieb zum Zuge. In diesem Augenblick entsteht das tiefe, echte Nein, das einen lebendigen, kreativen Prozeß in Gang bringt und wirklich etwas ändert.

»Ich habe da keine Lust mehr drauf, aber ich mach's halt noch, bis mir etwas anderes einfällt«, das ist nicht genug. Schon weil dir auf diese Weise nichts einfällt, denn die echten Veränderungen entstehen in den tieferen Schichten deines Wesens, nicht in deinem Verstand. Und diese Schichten kannst du erst wahrnehmen, wenn du aufhörst, die Situation aushalten und kontrollieren zu wollen.

Schmerzen zu unterdrücken und Zusammenhänge zu leugnen ist eine Art der Kontrolle, und erst wenn du sie aufgibst und dir erlaubst, zu fühlen, was du fühlst, kommt die Kraft, mit aller Entschiedenheit nein zu sagen. Danach kommt die Lösung, aber das ist bereits der nächste Schritt. Du kannst dich nicht um dein Nein herummogeln, auch wenn du nicht weißt, wie es nun weitergehen soll.

Verstehst du nun, wie wichtig es ist, daß dein Körper verbunden ist mit dem, was du spürst? Damit hältst du dich selbst in Schach, um dein System der Selbstausbeutung aufrechtzuerhalten (zum Beispiel arbeiten, obwohl du Schmerzen hast, ja sagen, obwohl du nein meinst, nein sagen, obwohl du ja schreien willst, etwa auf die Frage, ob du Hilfe brauchst). Und das alles nur, weil du vergessen hast, daß du der Schöpfer deiner Welt sein kannst, kein Opfer der Umstände bist.

Warum entscheiden wir uns nicht dafür, eine Kraft für möglich zu halten, die weiß, was sie tut, die sich etwas gedacht hat, als sie das Universum schuf? Warum wenden wir uns nicht an die natürliche, göttliche Ordnung und bitten sie, in unserem Leben aufzuräumen?

Auf einem Bein
stehen und die
Existenz Gottes
beweisen ist eine ganz
andere Sache als
niederknien und ihm
danken.

SÖREN KIERKEGAARD

Der zweite Schritt

Wir öffnen uns für die göttliche Kraft und den inneren Heiler, die uns den Weg zu Genesung und echter Gesundheit in allen Bereichen unseres Lebens weisen. Wir halten es für möglich, einen eigenen, gesunden inneren Rhythmus zu haben, den wir nur zu finden brauchen, um im Einklang mit uns selbst zu leben.

Nichts bringt Ruhe außer der aufrichtigen Suche nach Wahrheit.

BLAISE PASCAL

Schaue sie dir einmal an, die Götter, die du dir erschaffen hast, die Götzen, denen du dienst, vor denen du in die Knie gehst, die deinen lebendigen Ausdruck behindern, weil du vor lauter Angst und Kontrolle nicht mehr spürst, was die Kraft in deinem Innern von dir will.

Geld ist so ein Götze, ebenso ein viel zu stressiger oder ungeliebter Arbeitsplatz, ein zu großes Haus, die Beziehung, in der keine Liebe mehr herrscht, das Auto, das zuviel Aufmerksamkeit bekommt, die Statussymbole und alles, was du zu brauchen glaubst, um in dieser Welt sicher und geschützt zu sein. All das sind Götzen. Ebenso wie Zigaretten, Besessenheit von Alkohol, Essen, Sex, schnellen Autos – alles, was dich in einen Adrenalinrausch versetzt anstatt in einen Zustand von echter Lebendigkeit. Sogar dein Wunsch, schön, schlank und begehrenswert zu sein, kann dich von echter Erfüllung und Lebendigkeit fernhalten.

Du mußt dir darüber im klaren sein: Du kannst entweder lebendig sein und deinen Impulsen folgen oder es anderen recht machen. Du folgst immer einer Absicht, ob es dir bewußt ist oder nicht, deine Kraft richtet sich immer auf ein Ziel aus, und entweder dienst du deiner Angst oder deiner Liebe zum Leben.

Wozu dienen dir deine Ziele? Warum verleugnest du dich? Warum verschiebst du deine Lebensfreude und deine natürlichen Impulse auf eine unbestimmte Zukunft? Um dich sicher oder anerkannt zu fühlen, um ein Bollwerk aufzubauen? Geht es dir um ein Bankkonto oder eine Arbeitsstelle, die immer mehr von dir fordern? Vielleicht weißt du einfach nicht, daß du einen inneren natürlichen Rhythmus hast, dem du vertrauen und folgen solltest, wenn du gesund werden oder bleiben willst. Dieser innere Rhythmus wird von einer unendlichen Weisheit gelenkt und führt dich unweigerlich zu Gesundheit, weil er dein Gleichgewicht kennt und wiederherstellt. Das, was dich davon abhält, ihm zu folgen, ist ein meist eigensinniges Festhalten, spirituelle Besserwisserei.

Und wozu tun wir das? Wenn du dich selbst verleugnest, dich nicht fühlen willst, dient es immer dazu, deine Angst und deinen Schmerz in Schach zu halten.

Führst du deinen Beruf noch mit Freude und Liebe aus? Erinnerst du dich noch daran, warum du ihn ergriffen hast? Was ist mit deinen Idealen? Gibst du noch, was du geben wolltest, oder fühlst du dich manchmal wie unter einem Mühlstein, der dir den Lebenssaft auspreßt? Und wenn ja: Warum läßt du das zu?

Bist du noch glücklich in deiner Beziehung? Weißt du noch, warum du ihn oder sie geheiratet hast? Spürst du es noch? Und wenn nicht: Warum bleibst du in diesem lieblosen Zustand? Warum sorgst du nicht dafür, daß Liebe wieder fließen darf, indem du erst einmal laut und deutlich nein sagst zu der Situation, wie sie ist?

Nein zu sagen bedeutet noch lange nicht, daß du gleich die Beziehung beenden oder die Stelle kündigen mußt. Es genügt ein klares Nein zu der Kraft, die im Moment wirkt.

Es ist mir an dieser Stelle sehr wichtig, dich daran zu erinnern, daß sich dein Nein nicht darauf bezieht, deinen inneren Zustand nicht mehr spüren zu wollen, sondern auf das Gegenteil. Gerade weil du spürst, was mit dir passiert, bist du in der Lage, die Situation zu ändern. Augen auf, atmen, wahrnehmen, was ist, und nein sagen heißt die Devise, nicht »Augen zu und durch«.

Das Opfer zu spielen und stillzuhalten ist auch eine Art Selbsterhaltungstrieb. Aber eher der eines Kaninchens (oder manchmal der eines Kindes), das sich nicht rührt, bis die Gefahr vorbei ist. Bei diesen entzückenden Wuschelwesen funktioniert das, meistens, aber du bist anders geschaffen, du hast so viel mehr Möglichkeiten (und du bist nun erwachsen).

Außerdem ergibt Sich-Totstellen nur Sinn, wenn der Feind, der dich belauert, ein Fuchs ist. Denn in seinem Verhaltensmuster ist das Loslassen der Beute mit eingeplant, wenn sie sich nicht rührt. Und das weiß das kleine, arme, schwache Kaninchen sehr genau. Es folgt schlicht den Überlebensregeln, die in seiner Welt herrschen.

In deinem Leben herrschen jedoch andere Regeln, ob du sie magst oder nicht. Deine Angst gibt nicht auf, sie wartet, bis du in deinem Kaninchenbau verhungert bist. Weil Abwarten und Sich-Totstellen nicht das ist, was sie zum Verschwinden bringt.

Es gibt etwas so viel Besseres! Du bist doch ein strahlender Funke aus göttlichem Licht und wirst – wie alles im Universum – von einer unendlich liebevollen, lebendigen, ordnenden und im höchsten Maße kreativen, also schöpferischen, Kraft getragen. Glaubst du nicht, es wird Zeit, dich daran zu erinnern?

In dem Moment, in dem du nein sagst, wirklich und wahrhaftig nein, aus Liebe zu dir selbst und zum Leben, weil du spürst, daß es nicht im Sinne der Schöpfung sein kann, dich so zu unterdrücken, dich selbst so sehr zurücknehmen zu müssen, geschieht etwas. Augenblicklich bist du kein Opfer mehr, und damit – als lege sich in dir ein Schalter um – wird dein inneres Schöpferprogramm aktiviert. Dein tiefes, von Herzen kommendes Ja beginnt, sich einen Weg zu bahnen.

Wenn du wüßtest, liebste Seele, welch unermeßlich kreative Kraft zu fließen anfängt, wenn du ihr erlaubst, in deinem Leben zu wirken! Es ist schlicht deine eigene Selbstheilungskraft, die unermeßliche Kraft, die dafür sorgt, daß sich deine Zellen in jeder Sekunde neu bilden, daß du körperlich, emotional und geistig im Gleichgewicht bleibst, ganz gleich, was das Leben dir zumutet. Sie ist mit einem direkten Draht an die göttliche Ordnung angebunden, sie kennt deinen seelischen Plan und zieht ihre Energie ungefiltert aus der reinen Schöpferquelle. Immer, wenn du Schmerzen hast oder eine Krankheit bekommst, ist das eine Reaktion deiner Selbstheilungskräfte. Manchmal braucht es eben einen drastischen körperlichen Ausgleich. Immer dann, wenn wir nicht auf unsere Gefühle oder auf unsere innere Stimme hören, werden die Botschaften und Informationen lauter. Krankheit ist nichts anderes als der körperliche Ausdruck eines inneren Energiezustandes. Durch die Krankheit stellt dein System das Gleichgewicht wieder her. Je nachdem, auf welcher Ebene es gestört ist, bekommst du eine Halsentzündung, brichst dir ein Bein oder erkrankst an Krebs.

Wie sinnvoll wäre es doch, wenn wir diese Selbstheilungskraft viel bewußter wahrnehmen würden! Daß es sie gibt, darüber brauchen wir sicher nicht zu diskutieren, oder? Ganz gleich, von welcher Krankheit du bis jetzt genesen bist, und wenn es nur eine kleine Schürfwunde war, es sind immer die inneren Heilkräfte, die die Ordnung wiederherstellen. Das ist ein genetisches Programm, und es wirkt auf allen Ebenen deines Seins, nicht nur im Körper.

Dieses Programm »versagt« nur dann, wenn das auf tieferen Ebenen einen Sinn ergibt. Und selbst dann sieht es nur aus wie Versagen, eigentlich wirkt es dennoch, nur eben nicht so, wie du es gerne hättest. Deine Selbstheilungskraft bewahrt immer jene Ebene vor Schaden, die in der größten Gefahr ist. Sie riskiert es dabei, eine andere Ebene zu stören; ja, wenn es sein muß, sie sogar aufzugeben.

Wenn du also dabei bist, auf seelischer Ebene Schaden zu

nehmen, weil du dich zum Beispiel in eine Situation hineinmanövriert hast, in der dir unausgesetzt Energie abgezogen wird, und keinen Ausweg mehr siehst (oder nicht in der Lage bist, vorhandene Auswege zu nutzen), zieht deine Selbstheilungskraft die Notbremse, indem du körperlich krank wirst. Dann siehst es aus, als hätte diese Kraft versagt, doch sie tut nur ihre Pflicht.

Deine Selbstheilungskraft schützt dich und deine Energiesysteme je nach Bedeutung und Dringlichkeit. Zuallererst achtet sie darauf, daß deine Seele, welche sich deinen Körper als irdisches Ausdrucksmittel geschaffen hat, unter keinen Umständen Schaden nimmt. Alles andere muß sich dieser Aufgabe beugen, selbst wenn es deinen körperlichen Tod zur Folge hat. Das gleiche passiert auch im Körper selbst: Die wichtigsten Organe werden am besten geschützt. Der Körper opfert beispielsweise Beine, Arme, Nase, Ohren, wenn du am Erfrieren bist, damit die lebenswichtigen Organe wie Herz, Lunge, Nieren so lange wie möglich gut durchblutet bleiben.

Immer dann also, wenn deine körperlichen Selbstheilungskräfte zu versagen scheinen, gibt es einen wichtigen Grund dafür, etwas, das wichtiger ist als körperliche Gesundheit. Ruhe zum Beispiel. Denn oftmals führt eine Krankheit eine erzwungene Ruhephase herbei. In dieser Zeit ordnen sich die Energien in dir neu, und dabei wollen sie nicht gestört werden, nicht einmal von dir.

Wenn du sehr krank bist, wenn dein Körper ein Ungleichgewicht ausdrückt, dann ist das für dein Gesamtsystem aus Körper, Geist und Seele immer noch die leichtere Variante. Der geistige oder emotionale Ausdruck deiner Energien wäre für dich in deinem jetzigen Energiezustand vielleicht nicht auszuhalten, möglicherweise wehrst du dich sogar bewußt dagegen.

Was wäre zum Beispiel, wenn deine Krankheit ein Ausdruck eines so tiefen emotionalen oder spirituellen Schmerzes wäre, daß du keine Sekunde lang damit umgehen könntest? Deshalb lernst du deine Lektion auf dem körperlichen Weg. Das, was nötig ist, um zu genesen, ist immer das, was wir uns sowieso zu lernen vorgenommen haben. Wenn wir körperlich krank sind, dann haben wir unsere Lektion auf der körperlichen Ebene gewählt. Deine Erfahrungen machst du so oder so, und es ist letztlich egal, auf welcher Ebene du sie machst. Und hier kommt nun die Seele ins Spiel.

Wenn du nicht der Meinung bist, daß wir hochgeistige Wesen sind, die Erfahrungen auf der Erde machen, um die Schöpfung Gottes in all ihren Schwingungszuständen zu erfahren, dann ergeben Krankheit, Leid und Tod keinen wirklichen Sinn. Wenn du aber davon ausgehst, daß du im Kern spirituelle Lichtenergie bist, nein, nicht in dir trägst, sondern BIST, dann ist das alles letztlich ein Spiel mit Energieformen und unterschiedlichen Frequenzen. Deine

Krankheiten sind nichts anderes als der körperliche Ausdruck dessen, was du dir zu erfahren vorgenommen hast, der irdische, materielle Ausdruck deines Energiesystems. Es sind noch nicht einmal Störungen, sondern – je nach Krankheit – einfach Aufgaben.

Wir nennen es Krankheit, weil wir den intakten, gesunden Körper als Maßstab haben, aber für die Seele ist es einfach eine Form des Ausdrucks. So fühlt sich dieses oder jenes Energiemuster nun mal an, diese Symptome hat es und jene Auswirkungen. Du kannst anhand deiner Krankheit also sehr leicht auf das schließen, was du erfahren wolltest, als du zur Erde gekommen bist. Um zu genesen, brauchst du diese Erfahrung nur zu verstehen und anzunehmen, dann kannst du weitergehen.

In unseren Auraschichten tragen wir eine vollkommene ätherische Blaupause, die die Information von absolutem Gleichgewicht, Harmonie und Gesundheit für jede einzelne Zelle und auf jeder Ebene gespeichert hält. Das wußten schon die alten Ägypter, sie nannten es KA. Diese Blaupause können wir wirken lassen, wenn wir uns nur ihren Anweisungen hingeben.

»Danke für nichts«, denkst du jetzt vielleicht, »hab du mal meine Schmerzen, dann vergeht dir dieser Unsinn.« Das stimmt, liebste Seele, ich weiß das. Ich bin längst nicht mehr so arrogant, zu glauben, daß Verstehen hilft, wenn es dich vor Schmerzen fast zerreißt – ganz abgesehen davon, daß man dann keine Kraft mehr zum Verstehen hat. Und manchmal braucht man ein ganzes Leben, um den Weg der Genesung zu gehen, um das Energiemuster nach und nach zu erkennen und sich irgendwann davon zu verabschieden.

Dennoch stimmt es, daß du diese Erfahrung nur zu verstehen brauchst. Eine Krankheit zu haben, ganz gleich, was es auch ist, ist niemals eine wie auch immer geartete Form der spirituellen Bestrafung. Andere mögen das anders sehen, doch letztlich geht es nur um Erfahrungen, die ohne genau diesen körperlichen Zustand nicht möglich wären. Das ist wichtig zu wissen, denn es gilt in unserer Gesellschaft (und erst recht in »spirituellen Kreisen«) geradezu als persönliches Versagen, krank zu sein.

Aber wie willst du zum Beispiel erfahren, wie intensiv und zwingend deine irdische Wahrnehmung sein kann, wenn du niemals so starke Schmerzen hattest, daß dir alles Beten und Meditieren vergangen ist? Wie willst du spüren, wie sehr du am Leben hängst, wenn du keine tödlich verlaufende Krankheit hast? Der Seele ist jedes Mittel recht, ihre Erfahrungen zu machen. Das habe ich an anderer Stelle schon einmal gesagt, und es gilt hier erst recht. Aber es gibt immer wieder Ausstiegsmöglichkeiten, es gibt immer wieder die Gelegenheit, eine

Erfahrung abzuschließen und auf die nächsthöhere Ebene zu wechseln. Du brauchst dich nicht für den Rest deines Lebens mit dieser speziellen Aufgabe zu beschäftigen, wenn du bereit wirst, sie jetzt zu vollenden.

Deshalb dieser Schritt. Wir gelangen zu dem Glauben und gewinnen das Vertrauen, daß wir Selbstheilungskräfte haben, die wirken, sobald sie das seelische O.K. bekommen. Also wäre es doch äußerst sinnvoll, zu lernen, ihnen zuzuhören und zu tun, was sie von uns verlangen, oder? Praktisch umgesetzt ist das ganz einfach – einfach, aber nicht leicht!

Wenn du vor Schmerzen nicht mehr laufen kannst und dich, von einer Spritze betäubt, dennoch zur Arbeit schleppst, dann folgst du nicht deiner Selbstheilungskraft. Diese will dich nämlich mit einer Wärmflasche im Bett sehen.

Die Spritze kannst du dir ruhig geben lassen, denn sie versetzt deine Muskeln in die Lage, sich überhaupt erst einmal wieder zu entspannen, aber sie heilt nicht. Wenn du diese Schmerzfreiheit dazu mißbrauchst, dein altes Programm weiterzufahren, dann wird dein Körper etwas deutlicher werden müssen, denn du gibst ihm nicht die Gelegenheit, wieder in ein natürliches, gutes Gleichgewicht zu kommen. Wenn dein Gleichgewicht von äußeren Maßnahmen abhängig ist, dann ist es nicht stabil.

Manchmal ist das eben so, es gehört zu den seelischen Erfahrungen, für eine gewisse Zeit von äußeren Mitteln wie Operationen und Medikamenten – ganz gleich, ob sie homöopathisch oder schulmedizinisch wirken – abhängig zu sein. Die seelische Erfahrung dabei ist Demut. Du lernst, dich den irdischen Gesetzen zu beugen, solange du ihnen unterliegst.

Ich habe durch homöopathische Mittel gelernt, daß ich nicht alles allein machen muß, aber auch nicht kann, daß es Informationen gibt, die mein System »von außen« zugeführt bekommen muß. Das war eine sehr beängstigende Erfahrung: Ich brauchte tatsächlich Hilfe, die ich mir nicht selbst geben konnte. Das machte mich ja abhängig von anderen!

Heute sehe ich das anders. Ich bin wie du ein Teil der großen Gesamtschöpfung, und wenn ich durch meine Identifikation mit der menschlichen Ebene etwas vergessen habe, wenn mir eine Information fehlt, dann brauche ich Hilfe, um den großen Zusammenhang wieder zu erkennen. Unsere menschliche Identifikation ist ein aufregendes Spiel mit Energie und ein großer Dienst an der Schöpfung zugleich. Und natürlich brauchen wir dabei immer wieder Halt und Unterstützung, wie ein Kind, das zerschlagen vom Spielplatz kommt, weil es vor lauter Spielen vergessen hat, zu essen und zu schlafen.

Das anzunehmen ist echte Demut.

Wie wäre es, wenn du dich entscheiden würdest, diese Demut zusätzlich auf einer anderen Ebene zu erlernen, nämlich, indem du dich deinen eigenen inneren Gesetzen beugst?

Also, egal, wie du dich gerade fühlst: Was will deine Selbstheilungskraft von dir? Vielleicht ist es etwas so Absurdes, Schmerzhaftes oder scheinbar Schwieriges oder Kostspieliges, daß du es noch nicht einmal in Betracht ziehst?

Als ich erkannte, daß ich eine echte Eßstörung habe, hat es mir völlig den Boden unter den Füßen weggerissen. Ich! Ich habe doch alles im Griff, bin selbstbewußt und klar bei Sinnen. Ja, das bin ich. Aber nicht, wenn es um das Essen geht. Das zu erkennen war ein riesengroßer Schlag für mein Ego, und es diente mir sehr. Ich lernte Mitgefühl und besagte Demut, ich kam von meinem ziemlich hohen Roß herunter. (Es ist sowieso einsam und langweilig da oben.)

Die Auswirkungen einer Eßstörung kann man nur durch Abstinenz von zwanghaftem Essen beseitigen. Aber genau das war und ist das Schwerste, was ich überhaupt tun kann. Es gibt für mich keine größere Herausforderung, als die Leere und den Druck der Sucht auszuhalten. Ob ich die Bereitschaft aufbringen will, mich dennoch abstinent zu verhalten, muß ich täglich neu entscheiden, und oft genug habe ich diese Bereitschaft nicht. Dann hilft es mir, mit allen Sinnen und allen Gefühlen, ganz gleich, wie ohnmächtig, verzweifelt und hilflos ich auch bin, meine eigenen Selbstheilungskräfte um Hilfe zu bitten.

Bist du also bereit, zu lernen, dieser inneren Stimme zu folgen, die genau weiß, was du brauchst, um auf höchstmöglicher Ebene im Gleichgewicht zu sein? Wie wäre es, wenn du ihr grünes Licht gäbest, wenn du ihr erlaubtest, dich zur Genesung zu führen? Wir müssen uns auch unserer Gesundheit würdig erweisen. Erst wenn wir sie als unser höchstes Gut ansehen, finden wir in uns die Entschiedenheit, uns dem zu stellen, was uns von ihr trennt.

Der dritte Schritt

Lerne, dieser göttlichen, liebenden Kraft zu vertrauen, und gib ihr nach und nach deine Genesung, am besten gleich dein ganzes Leben, in die Hände. Verpflichte dich dem Leben selbst, deinen lebendigsten, weisesten und liebevollsten Anteilen.

Heilung bedeutet, daß der Mensch erfährt, was ihn trägt, wenn alles andere aufhört, ihn zu tragen.

WOLFRAM VON ESCHENBACH

Dieser Schritt ist sehr leicht, wenn du bereits Vertrauen hast. Das haben wir aber meistens nicht, oder? Und woher auch?

Jeder ist Schöpfer seiner eigenen Wirklichkeit und glaubt an etwas, das größer ist als er selbst, ganz gleich, wie er es nennt. Ja, das gilt auch für »realistischste« Vernunftmenschen. Trinke in einer ruhigen Minute ein Gläschen Wein mit ihm, plaudere ein wenig, und sogar er wird zugeben, daß es vielleicht etwas gibt, eine Art Vertrauen zu einer Kraft, und sei es die Kraft des Lebens selbst.

Vielleicht ist es auch nur Hoffnung, doch das spielt keine Rolle.

Auch du brauchst etwas, wofür es sich lohnt, diese Angst, die dich letztlich krank gemacht hat, auf dich zu nehmen und durch sie hindurchzugehen.

Wenn ein Schmetterling aus seinem Kokon schlüpft, weiß er nicht, worauf er sich einläßt, er weiß nichts vom Fliegen und von seinen wunderbaren Farben, er tut einfach, was er tun muß. Nun haben Schmetterlinge nicht die Gabe des freien Willens, sie können nicht anders, als sich weiterzuentwickeln. (Vielleicht irre ich mich, aber ich gehe jetzt einmal davon aus, daß es so ist.)

Du dagegen hast die Möglichkeit, dich gegen das Leben zu stemmen und in einer Art Warteschleife zu verharren. Es kostet sehr viel Kraft, und es macht dich vielleicht nicht glücklich, aber es ist ein Bollwerk gegen die Angst.

Für deine echte Genesung ist es unendlich wichtig, daß du herausfindest, was dich deiner Meinung nach trägt und ob es seine Aufgabe liebevoll und gut erfüllt. Diejenigen unter uns, die am meisten Angst haben, glauben oft sehr wohl an eine höhere Macht, aber diese ist nicht liebevoll, sondern strafend.

Kennst du diese Angst vor einem unbekannten, strafenden »Gott«? Du kannst diese unberechenbare Macht auch »die Gesellschaft«, »die Kirche«, »die Regierung«, »das Finanzamt«, »das Schicksal« oder einfach »die da oben« nennen – was immer du zu deinem Gott, zu deiner persönlichen höheren Macht, nach deren Gesetzen du dich richtest, erklärt hast. Oder ist deine höhere Macht einfach deine Angst?

Du dienst immer einer höheren Macht, ob es dir bewußt ist oder nicht, irgend etwas bestimmt dein Handeln, dein Denken und dein Fühlen. Und wenn das nun schon so ist, dann ist es doch ziemlich sinnvoll, sich diese als eine liebende, gesunde, tragende höhere Macht zu erschaffen, nicht wahr?

Oh, oh, ich höre deine Einwände bis hierher: »Aber das mit der Regierung (welche auch immer gerade am Ball ist), das ist doch einfach so, ich kann´s doch nicht ändern ...« – »Man muß doch realistisch bleiben ...«

Tatsächlich steht dahinter etwas ganz anderes: Denn wenn es das gäbe, eine höhere, liebende Kraft, die vielleicht auch noch weiß, was sie tut – was ist dann in deinem Leben und auf der Welt los? Warum läßt diese Macht dann zu, daß deine Frau/dein Mann so krank ist? Daß es Kriege gibt? Daß dein Kind gestorben ist? Was immer dir das Schicksal auch zugemutet hat, wie konnte das nur geschehen? Wenn es einen liebenden Gott gibt, wo ist er dann? Spricht nicht alles, was in der Welt geschieht, für genau das Gegenteil, für eine höhere, definitiv nicht liebende, sondern erschreckende und überaus gleichgültige, wenn nicht sogar grausame Kraft?

Deine Fragen sind mehr als berechtigt, und du bekommst gleich eine Antwort. Denn deine göttliche Kraft will dich auf ihrer Seite haben, auf der lebendigen, friedvollen, liebenden und glücklichen Seite des Lebens.

Bist du bereit, dein Weltbild für einen kurzen Moment loszulassen, damit du dich für eine mögliche Antwort öffnen kannst? Oder willst du nur deine Fragen stellen und in deiner Angst, dem Schmerz und der Hoffnungslosigkeit verharren?

Als Antwort laß mich dir hier nun wiedergeben, was mir die Engel erzählten, die ich um eine Antwort gebeten hatte:

Liebste Seele, geliebtes geistiges Wesen in diesem wunderschönen Körper,

laß uns dir mit einer kleinen Geschichte antworten, einem Dialog zwischen Gott und uns, seinen Engeln, die wir genau die gleichen Fragen haben:

»Ich will da nicht runter.« Das kleine Engelchen wies mit geschlossenen Augen auf ein Loch in der Wolkendecke, durch das die Erdoberfläche in wunderschönen Braun- und Grüntönen hindurchblitzte. Es stampfte sogar mit dem Fuß auf die Wolke, auf der es stand.

»Na, na, so schlimm wird es nicht sein. Darf ich

*erfahren, warum du dich weigerst, zu den Men-
schen zu fliegen und ihnen von mir und der Liebe
zu erzählen?« fragte eine liebevolle, wohltönende
Stimme.*

*Das kleine Engelchen begann, nervös an der
Wolke zu zupfen. Es war, als verteile es Zucker-
watteflöckchen.*

*»Es ist so ...«, erklärte es verzweifelt, »also, es
ist so, also – jetzt schau dir doch an, was da
unten los ist!«*

*Plötzlich begann es, bitterlich zu schluchzen,
und fuhr unter Tränen fort: »Die Kriege, die
Schmerzen, die sich die Menschen immer wieder
gegenseitig zufügen, die Kinder, die verhungern,
die Tiere, die sie schlachten! Ich kann da nicht
runter, ich bin viel zu schwach, bitte, gibt es
keinen anderen Platz, um den ich mich kümmern
kann? Einen anderen Planeten, eine andere
Galaxie, ein anderes Universum?«*

*Das kleine Engelchen drehte sich um, einige
andere Engel waren herangekommen und schüt-
telten entsetzt den Kopf. So redete man nicht mit
dem Herrn!*

*Die Stimme lachte und sagte: »Das ist alles?
Kleines Engelchen, glaubst du nicht, ich könnte
das sofort verändern, wenn ich nur wollte? Ich
bin allmächtig. Wenn es mir gefiele, dann könnte*

ich die Erde in ein Paradies verwandeln, und zwar einfach so.« Das Geräusch eines Fingerschnippens erklang.

Ein etwas größerer Engel hob den Kopf und sagte: »Das wollte ich dich schon immer fragen, Herr – warum tust du es denn nicht?«

Die umstehenden Engel nickten beifällig. »Ja, warum tut er es nicht?« murmelten sie sich gegenseitig zu.

Ein sehr großer, strahlend weißer Engel trat vor. Seine Flügel waren riesig. »Ich habe nie gefragt«, begann er, »doch das kleine Engelchen hat recht. Ich kann in der letzten Zeit nur noch unter größter Mühe fliegen, so sehr drücken mich Leid und Hoffnungslosigkeit herab. Ich weiß gar nicht mehr, was ich den Menschen noch sagen soll. Sie hören mir ohnehin nicht zu, werfen sich gegenseitig Bomben auf den Kopf und lassen einander verhungern. Das fängt schon im Kleinen an. Sie streiten ständig und hassen sich. Wo ist denn die Liebe, die wir bringen? Wer braucht sie denn noch? Sie haben Ersatz gefunden, sie glauben nicht mehr an uns.« Fast konnte man meinen, Tränen in seinen strahlenden Augen zu sehen.

Nun begannen auch andere Engel zu berichten,

und es war ein Schreckensszenario, das sie
schilderten.

Das kleine Engelchen hatte die Stirn in niedliche
Falten gelegt. »So hat Gott die Erde doch bestimmt nicht gemeint, als er sie geschaffen hat,
oder?« dachte es laut. »Was ist mit Liebe, Freude,
Spaß, wo ist das kraftvolle, sich immer wieder
selbst erneuernde Leben? Vielleicht sehen wir es
nur falsch. Bitte, Gott, zeige uns die Erde, wie du
sie gemeint hast!«

»So sei es!« dröhnte die tiefe Stimme.

Auf einmal zerriß die Wolkendecke, und einige
Engel flogen erschrocken auf. Ein leuchtend-
blauer Planet lag unter ihnen, zu weiten Teilen
mit Wasser bedeckt, das Land war eine zusam-
menhängende Masse. Es gab kein Leben auf
dieser Erde, keine Pflanzen, keine Tiere, erst recht
keine Menschen.

»Seht genau hin. Wollen wir es dabei belassen?«
fragte die wohltönende Stimme.

»Nein!« antworteten die Engel im Chor. »Das ist
tot, dort gibt es keine Entwicklung. Hier kann
deine Liebe nicht wirken.«

Nun sahen sie, wie eine Zelle entstand, zu
pulsieren begann, sich teilte, sich kompliziertere
Lebewesen bildeten, Algen, Plankton, Bakterien.

Über lange Zeit veränderte sich dann nichts weiter.

Einige Engel begannen zu gähnen und meinten: »Das ist langweilig, Herr, das ist vollkommen unter deinen Möglichkeiten!«

»Aber friedlich, seht ihr? Sie stören einander nicht, sie fressen einander nicht, es gibt kein Leid.«

»Aber auch keine Liebe, keine Freude. Nein, Herr, ein bißchen mehr Vielfalt darf es schon sein – wenn es dir gefällt«, fügte der Engel, der gesprochen hatte, rasch hinzu. Noch nie hatte er derart ungeniert zu Gott geredet.

»Gut«, meinte die Stimme, »dann erschaffen wir nun gemeinsam. Was wollen wir? Wie vielfältig dürfen die Formen denn sein?«

»So vielfältig wie nur vorstellbar.« Darin waren sich alle einig. Einschränkungen jeder Art waren ihnen fremd in den unendlichen Weiten des Universums.

»Und wie sieht es mit ihren Möglichkeiten aus, wie frei sollen sich unsere neuen Geschöpfe fühlen?«

Die Engel schauten sich ratlos an. »Vollkommen frei natürlich«, rief endlich das kleine Engelchen, »denn sonst wären sie ja eingeschränkt, nicht so

*vielfältig wie nur vorstellbar, wie wir es gerade
gefordert haben!«*

*»Bedenke, daß zur wahren Freiheit die Möglich-
keit gehört, zu vergessen, wer sie erschaffen hat.
Geben wir ihnen die Möglichkeit, sich von mir
abzuwenden und nicht auf ihr Herz zu hören? Ihr
entscheidet.«*

*Die Engel dachten lange nach. Endlich lächelten
sie und sagten: »Wenn sie deine Geschöpfe sind,
dann werden sie sich eines Tages ganz von allein
daran erinnern. Dann werden sie deine Liebe und
Kraft entdecken und sich so weit entwickeln, daß
sie nicht mehr anders können, als zu ihrem
Ursprung, zu dir, zurückzukehren.«*

*»Seht ihr. Ich bin noch einen Schritt weiter
gegangen, um sicherzugehen. Ich habe ihnen
Sehnsucht in die Herzen gelegt; eine Sehnsucht,
die nur gestillt werden kann, wenn sie die Liebe
entdecken und leben. Wenn sie ausschließlich
aus dem Herzen heraus fühlen, entscheiden,
denken und handeln, dann werden sie zur Ruhe
kommen. Deshalb brauche ich euch dringender
denn je. Und nun sagt: Wollt ihr mein Wort auf
der Erde verbreiten? Auch ihr habt die Wahl, wie
die Menschen.«*

Die Engel begannen zu leuchten und zu strahlen,

sie spürten erneut ihre Bestimmung, und reine
Glückseligkeit breitete sich unter ihnen aus.
»Dann entspannt euch, meine geliebten Engel,
damit ich euch meine Kraft schenken kann.«
Die Engel schlossen die Augen und überließen
sich ihrem Schöpfer. Mehr und mehr spürten sie
den Strom der Liebe und Kraft, sie breiteten ihre
Flügel aus und badeten in Seinem Licht. Alles
Schwere fiel von ihnen ab, Vertrauen und Frieden
zog in ihre Herzen, ihre Flügel blitzten und
funkelten vor Freude. Laut jubelnd umarmten sie
sich, dann flogen sie singend zur Erde, um die
Liebe weiterzugeben, die sie in so reichem Maße
erhalten hatten.

Nur das kleine Engelchen zauderte noch und
fragte: »Was ist, wenn ich deine Kraft vergesse,
wenn ich wieder mutlos werde? Vielleicht werde
ich dann so schwer, daß ich nicht mehr zum
Himmel zurückkehren kann!« Es begann erneut,
an der Wolke herumzuzupfen.

»Dann ist einer von uns zur Stelle«, sagte der
große weiße Engel, der die Worte gehört hatte
und daraufhin umgekehrt war. »Du bist nie
allein, genausowenig wie die Menschen. Komm
mit, kleiner Engel! Habe Vertrauen! Das ist der
Schlüssel. Auch wir lernen, wie du soeben erlebt

*hast, auch wir sind nicht immer voller Kraft und
Liebe. Aber wir erinnern uns gegenseitig daran,
und ich danke dir, daß du es gewagt hast,
Fragen zu stellen. Du bist viel stärker, als du
glaubst. Komm mit, gib mir deine Hand!«
Das kleine Engelchen legte seine Hand in die des
großen Engels, breitete die Flügel aus und
schwebte sanft zur Erde hinab.*

Diese Engel vertrauen der Kraft Gottes und haben sich ihr
verpflichtet, einfach, weil sie spüren und wissen, es ist
das Beste, was sie für sich und die Welt tun können.
Warum nur fällt es uns so schwer, uns unserer Lebendigkeit zu verpflichten? Warum nur stellen wir unsere
Lebenskraft nicht als höchstes Gut über alles andere?
Weil wir sie so lange nicht leben durften. Da wir zu lange
in Angst und Unfreiheit gelebt haben, beginnen wir zu
glauben, unsere Lebendigkeit sei zerstörerisch und gefährlich.
Oder was denkst du zum Beispiel über deine sexuelle
Kraft, eine der lebendigsten Energien auf diesem Planeten? Wir wissen, wie zerstörerisch sie sein kann, wenn
sie nicht an das Herz angebunden ist.
Du weißt, wie sehr du zum Beispiel Macht mißbrauchen
kannst, wenn du sie nicht in den Dienst der Liebe stellst.
Also hast du vielleicht entschieden, nie wieder Macht in

den Händen zu halten, und gibst deshalb deine eigenen Schöpferkräfte auf.

Wir alle waren vielleicht schon oft auf diesem Planeten, wir alle haben mit den Kräften herumgespielt und sie in ihren dunkelsten Auswirkungen erforscht. Nun schrekken wir entsetzt vor unserer Kraft zurück, wir entscheiden, nie wieder zerstörerisch wirksam zu sein. Also werden wir lieber gar nicht aktiv.

Dabei gibt es etwas, was wir vergessen haben. Wenn wir uns nämlich einer göttlichen, liebenden Kraft verpflichten, dann verpflichten wir uns gleichermaßen der Liebe und unserem Herzen. Dann, aber erst dann, werden wir uns sicher genug fühlen, nach und nach all unsere lebendigen Anteile wieder freizulassen. In diesem Augenblick geschieht Genesung auf allen Ebenen unseres Seins, und wir kommen zurück in unser natürliches Gleichgewicht.

Unsere Lebenskraft ist für genau diejenigen gefährlich, die uns unter Kontrolle zu halten versuchen, weil sie etwas von uns wollen, meistens Geld. Wenn du ein echter Schöpfer deines Lebens geworden bist, dann bist du nicht mehr so einfach zu manipulieren und zu beeindrucken. Du vertraust dem, was du spürst und wahrnimmst, nicht dem, was dir gesagt wird. Wenn du darauf vertrauen kannst, daß du dich selbst immer wieder an dein Herz erinnerst, wenn du die Verantwortung dafür, welchem Herrn du dienst, bewußt übernimmst und dich für eine liebevolle, lebendige Kraft entscheidest, dann werden ungeahnte Kräfte in dir frei.

Machst du dir nun auch noch klar, daß dein Immunsystem untrennbar mit deinem emotionalen Zustand verbunden ist, dann gibt es überhaupt keinen Grund mehr, es dir nicht so gut gehen zu lassen, wie es möglich ist, oder?

Wenn du jetzt befürchtest, daß du dann nie wieder arbeiten wirst und überhaupt im Grunde deines Herzens faul und schlampig bist, dann irrst du dich. Vielleicht brauchst du nur ein wenig Ruhe. Wir sind aktive, lebendige, bewegungsfreudige Lebewesen, und wenn wir das nicht spüren, dann nur deshalb, weil wir innere Energieräuber mit uns herumschleppen, meistens Gefühle, die wir nicht spüren wollen. Die schauen wir uns jetzt einmal an, ja?

Erfahrung ist nicht
das, was einem zustößt.
Erfahrung ist das, was
du aus dem machst,
was dir zustößt.

ALDOUS HUXLEY

Der vierte Schritt

Wir erkennen, auf welche Weise wir uns selbst daran hindern, den inneren Raum des Friedens und der Stille zu betreten, wir erkennen, wie wir uns selbst schaden und auf welche Weise wir unsere innere Stimme unterdrücken.

Nie findet sich wahrer Mut bei denen, die mit ihrem Gewissen Spiele spielen und sich nicht trauen, ihre eigenen Fehler anzusehen.

SAMUEL TAYLOR COLERIDGE

Im Zulassen unserer Gefühle liegt der Schlüssel zu echter Veränderung. Wenn wir unsere Gefühle nicht spüren wollen, dann kommen wir nicht an unseren tiefsten Punkt, dann verschleiern und verleugnen wir ihn so lange, bis wir vielleicht ernsthaft krank werden.

Manche verleugnen ihren wahren inneren Zustand bis zur letzten Minute vor ihrem Tod. Für unsere Seele ist das immer noch in Ordnung, besser spät als nie. Denn selbst wenn wir diese Erkenntnis erst im letzten Augenblick bekommen, so haben wir unsere Lektion doch gelernt. Aber es macht viel mehr Spaß, und wir können viel mehr bewirken, wenn wir uns unseren inneren Zuständen bewußt stellen. So kommt hier also zunächst eine Lektion über Gefühle.

Zwischenschritt

Gefühle – was sie sind und was sie nicht sind

Deine Gefühle nicht zu spüren ist leider sehr einfach, und du bist sicher geübt darin. Als du noch ein Baby warst, warst du offen, hast gespürt, was ist, und hast darauf reagiert. Du hast dich ausgedrückt, hast geweint, gelacht, getobt, geschrien.

Du hast alles getan, wonach du dich gefühlt hast. Bis das erste Mal Ablehnung kam, ein Nein, eine hochgezogene Augenbraue, ein Blick, der dich töten könnte ... Vielleicht hast du dich schon damals in dich selbst zurückgezogen und beschlossen, lieber nicht zu spüren, nicht zu fühlen. Und du hast automatisch flacher zu atmen begonnen, vorbei am Schmerz und an den Tränen oder an der Lebendigkeit und der Freude.

Du hast erfahren, daß du in der Lage bist, deine Gefühle zu kontrollieren, und begonnen, diese Fähigkeit als

Werkzeug zu gebrauchen. Sie war dein Werkzeug, das dir ermöglichte, auf diesem Planeten zu überleben und Kummer, Leid, Hunger, Krieg, Tod, Schmerz, Zurückweisung, Enttäuschung auszuhalten.

Vielleicht hast du dich mittlerweile so sehr von deinen Gefühlen abgespalten, daß du nicht mehr sicher bist, überhaupt welche zu haben. Wenn ich dir sage, daß du damit auch deine Fähigkeit, Freude, Glück, Leichtigkeit, Zufriedenheit und Liebe zu empfinden, von dir abgetrennt hast, würdest du es rückgängig machen wollen?

Stopp, nicht so schnell – du darfst nein sagen. Vielleicht hast du es dir in deinem Verstand so gut eingerichtet, daß dir Gefühle wie Energieverschwendung vorkommen, die dich nur am rationalen Denken hindern. Vielleicht hast du die Erfahrung gemacht, daß dich deine Gefühle eher behindern als unterstützen, daß du ohne sie besser dran und erfolgreicher bist, zumindest im Beruf, vielleicht sogar auch in der Familie und im Umgang mit dir selbst. Gefühle zu haben scheint ein überflüssiger Zustand zu sein, der das Hirn vernebelt und alles in watteweiche Wölkchen oder düstere Schwaden packt, wo doch Tatkraft und Entscheidungen gefragt sind.

Und weißt du, was? Das stimmt. Du hast vollkommen recht. Das, was landläufig Gefühle genannt wird, das ist häufig tatsächlich ein Zustand, der die klare Sicht vernebelt und eine Art Zuckerguß oder Jauche, je nach

Anlaß, auf die Wirklichkeit kippt. Laß mich dir dazu ein Beispiel geben:

Stell dir vor, du siehst einen Mann, der ein kleines, süßes Mädchen auf dem Arm hält. Es weint bitterlich und versucht augenscheinlich, sich von ihm loszureißen, doch er hält sie fest.

Nun sei so lieb, atme, und spüre, was in dir hochkommt. Bleibst du gelassen, oder gibt es Impulse? Kontrolliere sie bitte diesmal nicht. Nimm nur wahr. Was immer du spürst, es ist gut und richtig.

Du könntest wütend werden, hinlaufen und ihn zur Rede stellen wollen, könntest deine Verantwortung als Bürger ernst nehmen, in der Annahme, daß es nicht sein Kind ist und er vorhat, dem Mädchen etwas anzutun. Du könntest Angst bekommen, dich ohnmächtig fühlen, an der Welt verzweifeln und dich innerlich unsichtbar machen. (Ich erkläre dir nicht, was ich damit meine, du weißt es sehr genau, nicht?) Du könntest Mitleid mit dem Mädchen verspüren – oder mit dem Mann, je nachdem, in wessen Lage du dich besser versetzen kannst.

Das alles sind mögliche emotionale Reaktionen, mögliche Gefühle. Sie sagen eine Menge über dich aus, aber absolut nichts darüber, was wirklich passiert.

Oder du bleibst stehen, atmest und beobachtest, was

weiter geschieht. Und falls du emotional reagierst, erkennst du deinen Zustand als das, was er ist: Spiegel deiner persönlichen Gefühle, nicht unbedingt Ausdruck der gegenwärtigen Wirklichkeit.

Du bleibst offen für das, was passiert, und nimmst wahr, was tatsächlich los ist. Du schaust, ob dein Eingreifen erforderlich ist oder nicht, läßt dich dabei aber weder von Wut noch von Angst benebeln und bleibst wach.

Vielleicht nimmst du nun wahr, wie das Kind zu weinen aufhört und sich an den Hals des Mannes schmiegt. Vielleicht kommt eine Frau und nimmt das Kind, küßt den Mann, und die drei gehen weg. Dann wären deine Wut, deine Angst oder gar dein Eingreifen vollkommen unangemessen gewesen, reine Energieverschwendung.

Vielleicht erkennst du aber auch, daß das Mädchen nicht aufhört zu weinen, vielleicht sogar nach ihrer Mutter ruft. Derweil beginnt der Mann, sich umzuschauen, sie fester zu halten und auf ein Auto zuzugehen. In diesem Fall hättest du dich ziemlich getäuscht, falls du Mitgefühl mit dem armen Vater gehabt hättest, auch lähmende Angst wäre nicht besonders hilfreich gewesen. (Das ist sie im übrigen nie.)

Wenn du nun noch immer offen bist, bekommst du einen klaren Impuls. Unabhängig von jeder persönlichen emotionalen Reaktion spürst du, was zu tun ist. Du gehst mit raschen Schritten auf den Mann zu, fragst das Kind, ob der Mann sein Vater ist, und wenn es nein sagt oder den Kopf schüttelt, stellst du ihn zur Rede. Du machst vielleicht den einen oder anderen Passanten aufmerksam, gibst klare Anweisungen, die Polizei zu rufen, oder tust, was getan werden muß.

Für eine solche Reaktion brauchst du keine Wut zu spüren, keine Angst, kein Mitgefühl, nichts. Nur wenn du offen bist, kann sich die Energie des Augenblickes über dein emotionales System ungehindert ausdrücken, und du bekommst klare innere Anweisungen.

Dazu genügt es, wenn du deine Aufmerksamkeit auf das richtest, was hier und jetzt geschieht – um dich herum (der Mann mit dem Kind) und in dir (die klaren Impulse, die dich zum Handeln bewegen oder eben nicht). Hast du aber persönliche Gefühle und Phantasien darüber, was geschieht, dann nimm sie wahr, reagiere aber nicht darauf, sondern schaue weiter, was tatsächlich abläuft.

Das, liebste Seele, ist ein hocherleuchteter Zustand. Er setzt höchste Wachsamkeit und Offenheit voraus, eine sehr enge Verbindung zu deiner Intuition und ein Zulassen all dessen, was in dir passiert. Dieser Zustand ist ungefähr das Gegenteil von Kontrolle und von der Art und Weise, wie der Großteil der Menschheit mit emotionaler Energie umgeht. Denn wenn du Gefühlszustände kontrollierst, spaltest du dich von deiner Wahrnehmung ab. Deine Gefühle sind Ausdruck des Bewußtseins, mit dem du der Welt begegnest, sie sind deine persönliche Antwort auf das, was du erlebst.

Was aber geschieht, wenn du sie nicht spüren willst, wenn du sie nicht sein läßt, wie sie sind, sondern sie durch gedankliche Verrenkungen oder durch flachen Atem veränderst, abschwächst oder einfach nicht wahrnimmst? Dann bekommst du nicht mit, wie du »drauf bist«. Deine Verletzungen, deine persönlichen Erfahrungen, all das spielt eine sehr große Rolle in der Art, wie du der Welt begegnest und dich selbst in die Welt einbringst.

Wenn du nicht bereit bist, zu erkennen, durch welche Brille du die Welt betrachtest, vielleicht nicht einmal zugibst, daß du überhaupt eine trägst, wie willst du sie dann jemals ablegen, um die Schöpfung so wahrzunehmen, wie sie wirklich ist? Dann vernebeln dir deine Gefühle gerade deshalb die klare Sicht, weil du sie ignorierst oder gar leugnest. Du kannst aber nur dann bewußt mit ihnen umgehen (darauf reagieren oder nicht), wenn du sie wahrnimmst und fühlst.

Vielleicht glaubst du, im normalen Alltag besonnen und vernünftig zu sein, erlaubst dir aber ab und zu einen gefühlvollen Kinofilm als Ventil für deine Tränen. Oder du bist normalerweise sehr beherrscht und »cool«, liebst aber in deiner Freizeit Adrenalinkicks wie Bungee-Jumping und anderen Extremsport als Ausgleich. Vielleicht hörst du den ganzen Tag Heimatmelodien oder sehnsuchtsvolle Liebeslieder und nimmst dich deshalb als besonders gefühlvoll wahr. Du weinst bei jedem Flugzeugabsturz und glaubst vielleicht deshalb, empfindsamer zu sein als die kalte Welt um dich herum.

All das sind verzerrte und verbogene emotionale Zustände, die nichts mit echten Gefühlen und echter Lebendigkeit zu tun haben, weil sie nicht direkt sind, sondern »hausgemacht« und künstlich. Wenn du mit deinen wahren Gefühlen in Kontakt bist, mit dem, was du in jedem Moment spürst und wahrnimmst, brauchst du keine Ventile, weil du nichts aufstauen willst.

Ventile kontrollieren einen Fluß, sei es den von Wasser, von Luft oder von Gefühlen. Sie dienen dazu, Druck aufzubauen und diesen auf einem bestimmten Niveau zu halten, zum Beispiel den Luftdruck in Reifen oder den Dampfdruck in einem Schnellkochtopf. Der Druck ist also gewünscht und erfüllt einen Zweck, und das Ventil ist ein Werkzeug, um ihn herzustellen.

Du weißt, daß Ventile dazu dienen, einen Druck aufrechtzuerhalten, damit nicht alles einfach so fließt, wie es will. Welchen Zweck erfüllt dann der Druck in deinem Gefühlsleben? Wozu brauchst du ihn?

Möglicherweise glaubst du, den Druck selbst nicht zu brauchen. Aber du bist dennoch nicht bereit, deine Gefühle fließen zu lassen, wie sie sind, weil du oft genug verletzt und zurückgewiesen worden bist, wenn du es getan hast.

Den inneren Druck, der sich dadurch aufbaut, duldest du als einen unangenehmen Nebeneffekt, der dich allerdings eine Menge Kraft kostet, denn du mußt ihn aushalten. Um eine Art Gegengewicht zu setzen und diesen Druck nicht dauernd wahrzunehmen, rauchen oder essen einige zuviel, andere arbeiten zuviel, entspannen sich nie, sind besessen von Sex bzw. von allem, was noch stärker ist als dieser emotionale Druck in ihrem Inneren.

Die Muskeln deines Nackens, deiner Schultern oder deines unteren Rückens wissen genau, von welchem Druck ich rede, denn sie halten ihn, richtig?

Was für eine anstrengende Art, dein Leben zu verbringen, nicht? Und dennoch scheint es die sicherere Lebensweise zu sein. Denn dich einfach so zu zeigen, wie du dich fühlst, kann dich ziemlich einsam machen, befürchtest du vielleicht.

Doch das ist nur die halbe Wahrheit, denn auch der Druck selbst erfüllt einen wichtigen Zweck. Er kontrolliert die Angst, die sich vielleicht tief in dir versteckt hält und dich krank macht. Und wenn du sie für den Rest deines Lebens nicht wahrhaben willst, verlängerst du nur diesen Zustand.

Bist du mit deinen Gefühlen in Kontakt, dann brauchst du keine künstlich durch ein Streßhormon oder eine bestimmte Art von Musik erzeugten Emotionen, die dir den Eindruck von Lebendigkeit vermitteln. Und du mußt dich nicht vom Unglück anderer beeindrucken lassen, wenn du nicht unmittelbar betroffen bist. Es ist nicht deine Erfahrung, sondern etwas, was du mitgeteilt bekommst. (Was natürlich nicht heißt, daß wir nicht Mitgefühl spüren sollen und dürfen. Aber das ist anders, echter, es bringt dich zum Handeln und nicht zum Verzweifeln.)

All diese gefühlserzeugenden Filme, die Musik, einige Sportarten und eine bestimmte Art der Berichterstattung finden deshalb so großen Anklang, weil sie ein unbändiges Bedürfnis nach Fühlen befriedigen. Nur wenn du fühlst, spürst du, daß du am Leben bist. Und wenn dir deine eigenen Gefühle zu schmerzhaft oder anstrengend sind, suchst du dir künstlich erzeugte, leicht zu kontrollierende als Ersatz.

Weißt du, daß du dadurch zu einem Spielball von all jenen wirst, die gut mit emotionaler Energie umgehen können? Wenn du Gänsehaut bekommst während einer Autowerbung, wenn du feuchte Augen bekommst, während dir jemand Babynahrung verkaufen will, wenn du glücklich lächelst, während dir jemand erklärt, warum nur dieser Kaffee der richtige für dich ist, und du dich plötzlich geborgen und aufgehoben fühlst, während eine mütterlich aussehende Frau ihre allzu weiße Schürze zurechtrückt, weißt du, was ich meine.

Das ist nicht schlecht, es ist nur nicht echt, es sind keine Gefühle aus deinem Innern, sondern künstlich erzeugte Zustände. Das ist wie eine Art Rauschmittel, und je mehr du dich berauschen läßt, um so leichter wirst du beeinflußt. Dann kaufst du tatsächlich den Kaffee, weil du dich umsorgt und beschützt fühlst, und nicht, weil er dir schmeckt.

Diese Art der Werbung ist sehr gut gemacht und teilweise wirklich amüsant, du kannst sie schauen, so lange du willst, aber laß dich nicht von ihr einwickeln!

Es herrscht eine Art emotionaler Umweltverschmutzung, die oft noch nicht einmal besonders feinfühlig mit unseren tiefen Bedürfnissen spielt. Sag mal, ganz ehrlich, findest du das nicht ein bißchen unwürdig?

Das Produkt, das dich am meisten anzieht, ist zwar meistens tatsächlich genau das, was du brauchst – allerdings auf einer ganz anderen Ebene.

So kannst du Werbespots oder auch Filme fast wie eine Art Wünschelrute zur Entdeckung deiner wahren Bedürfnisse benutzen, indem du lernst, zu erkennen, auf welches Bedürfnis sie abzielen, und erlaubst, dich berühren zu lassen.

Weine, wenn der angedeutete Herzschlag am Ende der Autowerbung ertönt, aber kaufe deshalb nicht den Wagen, sondern spüre dein tiefes Bedürfnis nach Geborgenheit. (Du darfst natürlich auch das Auto kaufen, aber nicht wegen des Herzschlages am Ende der Werbung, sondern weil du dich darin wohl fühlst und es dir gefällt.)

Seufze, wenn hübsche Mädchen mit perfekten Frisuren tanzen gehen und umschwärmt werden, aber das ist kein Grund, das beworbene Haarspray zu kaufen. Nimm dein Bedürfnis nach mehr Lebensfreude und vielleicht Erotik wahr, das angesprochen wird.

Laß dich nicht blenden. Mache dir klar, daß viele Bedürfnisse künstlich erzeugt werden, weil du nicht in Kontakt mit dem bist, was dich wirklich emotional nährt.

Es gibt keine Schokolade, die gesund ist, vergiß es. Sie besteht immer aus einem Gemisch aus Zucker und Fett, und das macht süchtig, weil dein Körper keine natürliche Reaktion auf diese geballte Ladung an Kalorien kennt, denn etwas Vergleichbares existiert nicht in der Natur.

Du kannst selbstverständlich Schokolade essen, aber sei dir bewußt, daß du mit einem künstlich erzeugten Suchtstoff umgehst, und sei achtsam. Wenn du die Sehnsucht spürst, so viel davon essen zu können, wie das schlanke Mädchen in der Werbung, dann erkenne, daß du vielleicht bereits ein bißchen süchtig reagierst, und nimm wahr, worum es wirklich geht. Was brauchst du, was soll dir diese Schokolade vermitteln? Geborgenheit? Freiheit? Trost?

Wenn du in Kontakt mit dir und deinem Körper bist, dann spürst du nach ein paar Bissen, daß es genug ist, mehr Zucker und Fett kann dein Körper nicht auf einmal verarbeiten. Hast du dieses Gespür nicht, dann gibt es für dich nicht genug Schokolade auf der Welt.

In diesem Fall bist du natürlich sehr verführbar, wenn dir jemand mitteilt, daß du von einer bestimmten Schokolade essen kannst, so viel du willst, ohne daß es dir schadet. Tief in dir weißt du es besser, ob du es wahrhaben willst oder nicht.

Du bist verantwortlich für das, was du tust, ganz gleich, was dir andere einreden wollen. Und du spürst sehr genau, was für dich gut ist und was nicht. Wenn du dich als Opfer der Werbung und der Berichterstattung fühlen willst, dann darfst du das selbstverständlich tun. Aber verleugnest du damit nicht den klügsten und gesündesten Anteil in dir? Ist es das wirklich wert?

Du kannst alles kaufen, aber nicht aus den falschen Gründen, denn sonst verlängerst du nur deinen emotionalen Hunger.

Wenn du deine Gefühle ignorierst, passiert genau das und nicht mehr – du ignorierst sie. Aber deshalb sind sie noch lange nicht weg. Wenn du sie dagegen zuläßt und spürst, bekommst du mit, was los ist, und du kannst darauf reagieren. Mehr wollen Gefühle nicht. Sie wollen gespürt werden, weil sie ein Ausdruck dessen sind, was in dir abläuft.

Weißt du, es spielt letztlich keine Rolle, ob du bereit bist, deine Gefühle zuzulassen, oder nicht, denn sie lassen sich bereits selbst zu. Es geht eher darum, ob du bereit bist, wahrzunehmen, was ohnehin passiert.

Habe ich vorhin gesagt, du habest gelernt, deine Gefühle zu kontrollieren? Nun, das stimmt nicht. Du hast nur gelernt, sie nicht wahrzunehmen. Andere nehmen sie sehr wohl wahr, wenn sie dir begegnen. Denn jedes deiner Worte, jede deiner Handlungen und Gesten ist durch sie eingefärbt. Sie blitzen durch die Abwehrschicht hindurch, durch die du dich gegen Schmerzen und Angst gewappnet glaubst.

Du erinnerst dich? Deine Gefühle spiegeln deinen Bewußtseinszustand wider, ob du sie spürst oder nicht. Dazu gehört auch die Art, wie du redest, wie du die Welt wahrnimmst und wie du die Erfahrungen, die du machst, bewertest. Deine Umwelt reagiert auch auf das, was du nicht sagst, was du selbst vielleicht nicht einmal wahrnimmst.

Kennst du nicht auch Menschen, bei denen du das Gefühl hast, im Umgang mit ihnen wie auf Eiern gehen zu müssen, weil sie sonst explodieren könnten? Oder andere, bei denen du spürst, daß sie so empfindlich sind, daß du jedes an sie gerichtete Wort auf die Goldwaage legst? Hast du schon erlebt, daß dir jemand erklärt, er sähe eine Sache rein rational, aber du spürst das verletzte Kind oder den enttäuschten, wütenden Teil durch die Worte hindurch?

Du hast ein Gefühl dafür, wie der andere »drauf ist«, das ergibt auch Sinn, denn nur so können soziale Strukturen und Beziehungen entstehen. Du nimmst mehr oder weniger bewußt wahr, was der andere wirklich denkt, fühlt und am liebsten sagen will. Du übergehst es vielleicht, weil du deinen eigenen Wahrnehmungen nicht vertraust oder nicht wahrhaben willst, was du spürst, besonders nicht, wenn es mit dir zu tun haben könnte. Aber eigentlich weißt du es ganz genau. (Natürlich interpretieren wir manchmal Gefühle in den anderen hinein, die er gar nicht hat, oder wir unterstellen ihm eine böse Absicht. Gerade dann ist es besonders wichtig, unsere eigenen Gefühle zu kennen und die Brille abzunehmen.) Und so geht es anderen mit dir.

Wäre es nicht ziemlich sinnvoll, wenn du auch selbst nach und nach bemerken würdest, was jeder, der dich bewußt wahrnimmt, längst erkannt hat? Woher also kommt die Angst davor, dich wirklich zu spüren? Warum willst du nicht wissen, was in dir passiert?

Es sind die verletzten, zurückgewiesenen Anteile in dir, die dir eine solche Angst einflößen. Du glaubst vielleicht, daß du es nicht überleben könntest, wenn du tatsächlich einmal zuließest, was du spürst. Aber so ist es nicht.

Wenn du beginnst, nach und nach deine Gefühle zuzulassen, wenn du dir erlaubst, zu fühlen, was du fühlst, auch wenn es unbequem oder schmerzhaft ist, wird die Kraft frei, die du zuvor gebraucht hast, um das Fühlen zu vermeiden. Erinnere dich daran, daß du eine liebende göttliche Kraft gefunden hast, und du lernst, dich mehr und mehr von ihr tragen zu lassen.

Es stimmt: Wenn du jetzt, in dieser Sekunde, all das spürtest, was in dir unterdrückt und verdrängt ist, würdest du vielleicht durchdrehen, weil du nicht die Kraft hättest, damit umzugehen. Das brauchst du aber auch nicht.

Wenn du willst, dann kannst du beginnen, über deine Gefühle zu schreiben, jeden Tag nur einen Satz. Du wirst dadurch sicher viele Erkenntnisse gewinnen. Wir verändern meistens nur deshalb nichts, weil wir nicht genau mitbekommen, was wir eigentlich tun. In dem Moment, in dem dir mit aller Deutlichkeit bewußt wird, was du mit deinem Leben anstellst, greifen deine inneren Kräfte. Jeder von uns hat einen äußerst lebendigen, am eigenen Glück, an bestmöglicher Gesundheit und an Liebe im höchsten Maße interessierten Kern. Also trau dich. Du brauchst weiter nichts zu tun, schau dir einfach nur ganz bewußt an, was du fühlst.

Am Ende des Weges, wirst du in deiner Zeit erkennen, worum es wirklich geht. Irgendwann bemerkst du das, was wohl jeder, der sich seiner emotionalen Wahrheit stellt, eines Tages erschüttert feststellt:

Wir wollen nicht wirklich auf der Erde sein. Wir haben so viele Inkarnationen hinter uns, in denen wir getötet wurden, verhungert sind, an irgendwelchen Krankheiten elend zugrunde gegangen sind oder die geliebtesten Menschen verloren haben, daß wir unseren Körper nur gerade einmal eben beatmen. Wir sind nicht wirklich hier, wir wollen unseren Energiezustand nicht so deutlich spüren, wie das unweigerlich kommt, wenn wir beginnen, unseren Körper in all seiner Energie wahrzunehmen. Wir schneiden uns lieber von Lebendigkeit ab, als noch einmal diese Schmerzen zu spüren.

Genau hier liegt der Sinn von körperlicher Krankheit. Sie zwingt uns, auf die Erde zu kommen und uns mit unserem Körper zu beschäftigen, wenn wir genesen wollen. Je schneller wir das verstehen, um so rascher können wir den Weg gehen.

Dieser ganze Prozeß ist wie eine Art emotionales Yoga. Wir erleben den »Dehnschmerz«, wenn wir uns immer stärker in unserem Körper verankern, wenn wir immer größere Bereitschaft entwickeln, tatsächlich zu spüren, was wir fühlen.

Nicht zu atmen ist die eine Art, zu verhindern, daß du dich spürst. Deine Gefühle mit der Kraft deiner Gedanken zu kontrollieren ist die andere Möglichkeit.

Es gibt ein Lied, das heißt „Die Gedanken sind frei". Das ist eine hübsche Idee, es stimmt nur leider nicht. Auch deine Gedanken sind – wie alles in deinem Leben – Ausdruck deines inneren Zustandes. Nein, nicht die Ursache, sondern ein Ausdruck.

Das hört sich vielleicht anders an als das, was du bislang über »positives Denken« oder »kreatives Visualisieren« gelesen hast, aber es scheint nur so. Deine Gedanken sind ein Ausdruck der Energie, die du in dir trägst. Das heißt aber nicht, daß du sie nicht dennoch auf diesem Wege verändern kannst. Doch bevor du etwas veränderst, ist es erst mal Zeit, daß du lernst, wahrzunehmen, was du so den ganzen Tag denkst.

„Wie soll ich wissen, was ich denke, und wozu?" fragst du vielleicht, und natürlich hast du recht. Wenn du nicht weißt, daß deine Gedanken dir zeigen, wie du die Welt siehst (und nicht, wie sie wirklich ist!), ergibt es wenig Sinn.

Geradezu bedrohlich wird es für dich, wenn du zwar weißt, daß deine Gedanken Ausdruck deiner inneren

Haltung sind, du aber keine Ahnung hast, wie du auf diese innere Haltung Einfluß nehmen kannst.

Ein Beispiel habe ich dir zu Beginn schon gegeben, du erinnerst dich: Dein Chef steht hinter dir, du atmest flacher und fühlst dich schlecht, möglicherweise schuldbewußt und irgendwie gereizt. All das kannst du nun zulassen und wahrnehmen, du hast es gerade geübt. Aber was denkst du? Was ist der geistige Ausdruck der Energie, in der du dich gerade befindest?

»Ich kann eh nix ändern ... Ich hasse diesen Job ... Ich will hier raus ... Aber ich muß meine Familie ernähren ... Ach, soo schlimm ist es ja nun auch wieder nicht ...«, und schon hast du dir deine Gefühle ausgeredet. Sie sind deshalb noch lange nicht weg. Außerdem stimmt das einfach nicht. Es ist nämlich wirklich so schlimm.

Veränderung kommt später, hier und jetzt bemerken wir erst einmal, was wir alles veranstalten, um unseren wahren inneren Zustand nicht zu spüren.

Merkst du, wie deine Gedanken dir deine Gefühle ausreden? Es klingt wie Vernunft, es ist aber keine. Vernünftig wäre es, dich zu fragen, was du da eigentlich noch machst, wenn es dir so schlechtgeht, und wie du deine Lage verändern kannst.

Und weiter geht es mit dem vierten Schritt:

So. Nun kennst du die Werkzeuge, mit denen du deine Wahrnehmung verhinderst. Nimm dir für diesen Schritt bitte etwas zu schreiben, und beginne, wenn du magst, folgende Fragen zu beantworten:

- *Wie genau verhinderst du, daß du dich wahrnimmst? Was tust du?*
- *Wie schädigst du deinen Körper?*
- *Was willst du nicht wahrhaben? Wie sorgst du dafür, daß du immer wieder Schmerzen bekommst? Wozu dienen sie?*
- *Was tut dein Körper für dich, das du selbst nicht für dich tun kannst?*
- *Wozu dient es dir, zu dick zu sein?*
- *Wozu rauchst oder trinkst du? Welchen Gefühlen brauchst du dich durch diese Süchte nicht zu stellen? Was unterdrückst du mit Essen oder anderen Drogen, was willst du nicht wahrhaben?*
- *Warum versetzt du dich selbst immer wieder in die Warteschleife des Lebens? Vor welchem Schritt schreckst du zurück?*
- *In welchen Situationen ist deine Trägheit schon längst Angewohnheit geworden?*

- *Wo hindert dich dein körperlicher Zustand, lebendiger und lebensfreudiger zu sein?*

- *Erlaubst du dir, um Hilfe zu bitten, oder schleppst du auch nach dem zweiten Bandscheibenvorfall noch deine schweren Kisten in den dritten Stock? (»Ja, aber …«, sagst du … »Ich weiß«, sage ich. Aber woher weißt du, daß nie jemand da ist, daß dir niemand hilft, wenn du einmal Hilfe brauchst? Hast du schon einmal mit einem echten Lächeln und voller Dankbarkeit darum gebeten? Nicht zähneknirschend, sondern in echter Anerkennung deiner Bedürftigkeit? Was geschieht, wenn du um Hilfe bittest? Hast du Angst, abhängig zu werden? Und – sind wir nicht sowieso abhängig davon, daß wir uns gegenseitig helfen? Ist das so schlimm? Wer hat dir nicht geholfen, als du ihn dringend brauchtest, wer hat dich so verletzt?)*

- *Zwingst du dich mühsam dazu, deine Fenster zu putzen, obwohl du weißt, daß du Ruhe brauchst? (»Ja, aber … «, sagst du … »Ich weiß«, sage ich. Aber dient es dir wirklich? Bringt es dich weiter, oder treibt es dich nur tiefer in das Gefühl hinein, ein Opfer zu sein? Worum geht es wirklich? Was glaubst du, wer du bist, wenn deine Fenster nicht geputzt sind? Eine Schlampe? Wer hat dich dann nicht mehr lieb?)*

Später zeige ich dir, wie du das ändern kannst. Hier aber geht es zunächst um eine Inventur deines Verhaltens. Welche Behandlungsmaßnahmen weist du weit von dir, und warum? Wie blockierst du dein Wohlbefinden? Manchmal ist zum Beispiel eine Operation sehr wichtig, weil wir dadurch lernen, uns den irdischen Gesetzen zu beugen. Verstehst du, ein echter Schöpfer seiner eigenen Wirklichkeit lernt, in Gelassenheit zu tun, was getan werden muß. Er wertet nicht, sondern nimmt alle Möglichkeiten wahr, auch wenn er Angst hat. Manchmal dagegen ist es richtig, die Operation abzulehnen, dann nämlich wenn du spürst, daß es viel hilfreichere Maßnahmen gibt.

Versuche folgende Sätze zu Ende zu schreiben: Was fällt dir spontan dazu ein?

Wenn ich gesund (was immer das für dich bedeutet) wäre, müßte ich

....

....

Wenn ich gesund wäre, könnte ich

....

....

Wenn ich gesund wäre, könnte ich nicht mehr

....

....

Wem oder was in dir dient deine Krankheit oder dein körperlicher Zustand? Was brauchst du dadurch nicht zu tun? Welchen Gefühlen oder Umständen mußt du dich nicht stellen?

Vielleicht bemerkst du nun, daß du in Wahrheit nie nein sagen kannst und daß dein Körper das für dich übernimmt. Niemand kann von dir verlangen, allzeit hilfsbereit zu sein, wenn du Schmerzen hast. Vielleicht merkst du auch, daß du dich nicht durchsetzen kannst und deshalb eine Art Druckmittel brauchst. Dann dient deine Krankheit letztlich deinem Selbstausdruck, du schaffst dir Freiräume. Vielleicht bist du so entmutigt, vom Leben enttäuscht oder traurig, daß ein Teil von dir entschieden hat, nicht mehr auf der Erde zu sein? Dann bräuchtest du die Trauer und die Leere nicht mehr zu spüren.

Viele Menschen mit sehr schweren Krankheiten stecken in einer unbewußten inneren unlösbaren Klemme und sehen den Tod als einzigen Ausweg aus ihrer Zwangslage. Meistens weisen sie das weit von sich, weil der innere Schmerz und Druck so groß sind, daß es keine Möglichkeit zu geben scheint, das Erkennen durchzustehen.

Natürlich nicht, sonst bräuchte ihre Seele ja nicht zu solch drastischen Maßnahmen zu greifen.

Manche Krankheiten sind auch dazu notwendig, bestimmte seelische Erfahrungen zu machen, und können im Moment auf körperlicher Ebene nicht geheilt werden. Hier lauten die Fragen: Womit konfrontiert dich dein körperlicher Zustand? Was haßt du am meisten daran, und was willst du am liebsten los sein? Welcher innere Zustand kann nur durch diese Krankheit ausgelöst werden?

Findest du Antworten auf diese Fragen, so bedeutet Heilung für dich nicht, daß sich dein körperlicher Zustand verändert, sondern daß du ihn anders wahrzunehmen beginnst.

Ich gebe dir nun noch einen anderen sehr wichtigen Satz. Nimm dir bitte viel Zeit dafür und erlaube dir, alles aufzuschreiben, was dir in den Sinn kommt, auch wenn du es sofort wieder verwerfen willst.

Wer oder was mich wirklich krank macht, ist

....

....

Hier wirst du sicher mit einer Menge Dinge konfrontiert, die du bisher ignoriert hast. Bitte schaue sie dir dennoch an. Du brauchst ja nichts zu ändern, nimm sie nur wahr. Bitte beschwichtige dich einmal nicht selbst, und rede dir nichts aus. Das ist sehr schwierig, es kann richtig weh tun und angst machen. Bitte deine höhere Kraft, bei dir zu sein, dich mit Liebe und Geborgenheit zu unterstützen.

Trau dich, wirklich zu erkennen, was in deinem Leben los ist, auch wenn es schmerzt. Du mußt es ja nicht gleich ändern. Halte es für möglich, daß es Dinge sind, die andere Leute wahrscheinlich weit von sich weisen würden.

Denn natürlich kann dich zum Beispiel ein Ort krank machen, nämlich dann, wenn seine Schwingung, die sogenannte Schumann-Welle, dir nicht bekommt. Wenn du weißt, daß ein Teil deines Gehirns mit der jeweiligen Frequenz des Ortes, an dem du lebst, in Resonanz geht, dann ist das ganz logisch. Das ist wissenschaftlich nachgewiesen, und selbst wenn du es nicht glaubst, so wirkt es dennoch.

Halte bitte auch deine Gefühle, das, was du tief in dir wahrnimmst, für möglich. Es kann sehr wohl sein, daß dich eine Beziehung krank macht, ein Arbeitsplatz, ein Vorgesetzter, sogar ein Haus. Überall fließt Energie, und wenn diese Energie bei dir Unbehagen auslöst, dann stört sie dein Gleichgewicht. Um dieses wiederherzustellen, greift deine Selbstheilungskraft ein und tut, was getan werden muß. Dazu gehört – wie du nun schon weißt –, daß sie einen körperlichen Ausdruck dieser Störung entwickelt, um deine Aufmerksamkeit zu bekommen.

Zum Glück läßt sich bei den meisten Störungen Abhilfe schaffen, so daß du nicht gleich dein Haus abreißen und deinen Job kündigen mußt. Aber du wirst erst dann Abhilfe schaffen können, wenn du erkennen und wahrhaben willst, was überhaupt los ist.

Sei also radikal, und schreibe alles auf, was dich krank machen könnte. Später wirst du dir die einzelnen Punkte noch einmal in aller Ruhe anschauen und sehr genau prüfen, ob sie stimmen und was du verändern kannst, deshalb darfst du ruhig ein bißchen übertreiben.

Etwas, was sehr verbreitet ist und oft übersehen wird, ist der Faktor Arbeitssucht: Bist du ein Workaholic? Das bedeutet nicht, daß du unbedingt den ganzen Tag arbeitest wie verrückt. Es gibt Arbeitssüchtige, die von dem riesigen Berg, den zu schaffen sie sich vorgenommen haben, so überwältigt sind, daß sie überhaupt nichts mehr auf die Reihe bekommen und morgens erst gar nicht aufstehen. Dennoch ist es Arbeitssucht, diese Vorstellung, daß man sich bis zur völligen Erschöpfung verausgaben muß, um überhaupt eine Daseinsberechtigung auf diesem Planeten zu haben. Du hast vielleicht sogar Angst vor der Arbeit und brauchst lange, um endlich anzufangen. Auch das kann ein Symptom für Arbeitssucht sein, obwohl es nicht so aussieht.

Hier sind ein paar Symptome, die ich der Internet-Seite *www.arbeitssucht.de* entnommen habe, die ich dir im übrigen sehr empfehle:

- *Du kannst dich nicht auf die Arbeit konzentrieren und verzettelst dich oft.*
- *Du nimmst dir viel zuviel vor und arbeitest bis zur völligen Erschöpfung.*
- *Du beurteilst dich und deinen Tag fast ausschließlich nach der Menge der geleisteten – mehr noch der nicht geleisteten – Arbeit.*
- *Dein Perfektionsanspruch lähmt dich bei der Arbeit oft völlig.*
- *Du weist Kontakte, Einladungen und Unternehmungen mit dem Hinweis auf »zuviel Arbeit« zurück.*
- *Du kannst zwischen Freizeit und Arbeitszeit nicht trennen und denkst auch in der Freizeit dauernd an die Arbeit (und umgekehrt).*
- *Du stehst häufig unter Zeitdruck.*
- *Du möchtest möglichst viel in kurzer Zeit und mit geringem Aufwand erreichen.*
- *Du glaubst, »erst etwas leisten« zu müssen und dir dein Lebensrecht durch Arbeit beweisen zu müssen.*

Kennst du das? Ein solches Verhalten ist nicht »normal«. Unter diesen Symptomen leidest du vielleicht mehr, als dir bewußt ist.

Ist das nicht verrückt? Erst wollen wir gar nicht hier sein, schließlich arrangieren wir uns doch zähneknirschend, und am Ende glauben wir, daß wir einen Preis dafür zahlen müssen, eine wenigstens vorübergehende Aufenthaltsgenehmigung zu erhalten. Das Ganze freilich, ohne daß wir überhaupt je bewußt einen Vertrag mit der Erde unterschrieben hätten.

Nun, bewußt haben wir das nicht getan. Aber unsere Seele, die hat einen Pakt mit der Erde geschlossen. Wir glauben deshalb, wir müßten uns anstrengen wie verrückt, um hier sein zu dürfen, weil wir genau wissen, daß wir unseren eigentlichen Vertrag nicht erfüllen. Also leisten wir eine Art Ersatzdienst.

Was also könnte es sein, das du versprochen hast zu tun? Wozu bist du hier? Warum nimmst du all das auf dich? Du weißt es wahrscheinlich nicht, denn diese Antwort liegt in deinem Herzen verborgen. Und zwar ziemlich tief, denn hier ist die verletzlichste, weichste und gesündeste Stelle in uns und auf diesem Planeten.

Niemand, der auch nur ansatzweise mit seinem Herzen verbunden ist, wird sich selbst und andere je mißbrauchen können. Niemand wird Krieg führen oder Menschen verhungern lassen können, wenn er in der Fülle seines

Herzens ruht. Und niemand, der sein Herz entdeckt hat, hält es auch nur noch eine Stunde länger in dieser Art Leben aus, die wir uns herzlos geschaffen haben. Also verbergen wir uns, verstecken uns hinter dem, was eben nötig ist und was eben sein muß.

Um Himmels willen! Das hat Gott nicht gemeint, als er seine Engel, nämlich uns, zur Erde schickte. Der Pakt, den auch du mit dem Wesen Gaia, dessen Körper die Erde ist, geschlossen hast, lautet wie folgt:

Verwirkliche alles, was dir einfällt und was dir möglich ist. Nimm das Angebot an, alle Energien, die du dir nur ausdenken kannst, körperlich, geistig und emotional zu erfahren. Verliere dich in der scheinbaren Trennung vom Licht und von Gott, verirre dich im Dickicht der Stofflichkeit, damit die Schöpfung sich selbst erfährt, sich mit allen Sinnen wahrnimmt – und dann kehre zurück. Wache nach und nach auf, gehe den Weg durch dich selbst und deine Mauern hindurch zurück zum Licht. Nimm Gaia, die treueste Weggefährtin, die du nur haben kannst, mit. Sie tut das gleiche wie du, sie sinkt energetisch hinab in die Stofflichkeit und zahlt ihren Preis dafür. Auch sie wird vergessen, daß sie in Wahrheit wie du ein hochgeistiges Wesen ist. Gemeinsam werdet ihr alles erschaffen und verwirklichen, was nur machbar ist.

Du wirst auf diesem Weg von unzähligen Engeln beglei-
tet sein, aber du wirst sie nicht wahrnehmen, denn du
wirst tiefer in die Materie hineinsinken, als du es dir als
Engel oder geistiges Wesen überhaupt vorstellen kannst.
Deine wichtigste und wahrscheinlich schwierigste,
wenn auch am meisten ersehnte Aufgabe aber wird sein,
aufzuwachen, wenn es Zeit ist.
Wir danken dir für diesen unermeßlichen Dienst, den du
der Schöpfung damit erweist.

Diese Zeit des Aufwachens ist jetzt gekommen, und du
weißt es. Wenn du also noch Zeit verschwenden willst,
dann tu es. Aber spürst du nicht selbst, wie hoch der Preis
der Selbstverleugnung – der Verleugnung deines göttlichen Selbst – unterdessen geworden ist?

Also hören wir doch auf, uns hinter unseren scheinbar
wichtigen, doch meistens im höchsten Grade unbefriedi-
genden und unsinnigen Aufgaben zu verstecken, anstatt
die Kraft unseres Herzens zu entdecken und laut und
deutlich nein zu allem zu sagen, was unser Herz nicht
gutheißt!

Noch einmal: Du brauchst deshalb noch lange nicht zu
wissen, was du statt dessen tun willst. Dein Nein allein
ist schon die Basis für Veränderung.

Der fünfte Schritt

*Wir zeigen uns mit all diesen Verdrängungs-
mechanismen und erlauben einer anderen Person,
uns selbst und unserer göttlichen Kraft, uns
wahrzunehmen, wie wir sind.*

Während der Änderung einer Lebensweise ist der
Vorgang wichtiger als das Erreichen eines Zieles
oder die Bewertung einer Leistung.

THEODOR ISAAC RUBIN

Wozu brauchen wir diesen Schritt? Weil es relativ leicht
ist, alles aufzuschreiben und es dann wieder zu vergessen. Aber so verändert sich nichts. Wir brauchen einen
Anker, eine echte Bewußtseinsveränderung. Immerhin
sind wir dabei, uns tief wirksame Verdrängungsmecha-
nismen anzuschauen, die einem guten Zweck dienten.
Sie erlaubten dir, trotz aller Umstände handlungsfähig
zu bleiben. Wenn du nun offen zugibst, auf welche Weise
du dich selbst unterdrückst und kontrollierst, bekommst
du wahrscheinlich Angst. Erinnere dich bitte an den

dritten Schritt. Du hast dein Leben, so gut du es im Moment kannst, in die Hände deiner inneren Weisheit, deiner göttlichen Kraft – oder wie auch immer du es für dich nennst – gelegt. Nun wird es Zeit, zu testen, ob diese Kraft dich trägt. Das ist, als probiertest du, ob eine Brücke stabil genug ist. Und wie machen wir das? Sehr vorsichtig. Also überfordere dich nicht.

Gib all das, was du im vierten Schritt aufgeschrieben hast, zunächst vor dir selbst und vor der göttlichen Kraft zu. Dazu liest du es dir und ihr bitte laut vor. Wenn du magst, dann bete vorher, bitte deine höhere Kraft bewußt in den Raum, in dem du dich befindest.

Der Sinn des fünften Schrittes ist, dein Bewußtsein für dich selbst immer besser zu schärfen, dir immer klarer darüber zu werden, auf welche Weise du den gesunden und lebendigen Ausdruck deiner selbst verhinderst. Es geht hier nicht um Selbstdarstellung oder um Bestrafung, sondern um Bewußtwerdung. Immer dann, wenn wir etwas in uns wirklich klar und deutlich sehen und wahrhaben wollen, verändert es sich.

Du hast das Spiel erkannt, du kannst nun damit aufhören. Unser Leben auf der Erde ist nichts als ein großer Bewußtwerdungsprozeß. In dem Moment, in dem du erkannt hast, was du tust, und es in aller Deutlichkeit und mit allen Gefühlen zuläßt, greift dein innerer Selbstheilungsmechanismus – wenn du es erlaubst und darum bittest. Dann erst wirst du bereit, zu tun, was zu tun ist – sei es, zum Arzt zu gehen oder zur Massage, sei es, weniger zu essen oder zu rauchen. Du weißt es selbst am besten.

Suche dir jemanden, dem du all das erzählen kannst. Er oder sie muß keine Ahnung von Medizin haben, im Gegenteil, manchmal ist es besser, wenn der andere nichts dazu sagen kann. Darum geht es nämlich nicht. Du brauchst einfach jemanden, vor dem du eine Art Beichte ablegen kannst, dem du erzählen kannst, auf welche Weise du dich selbst blockierst, wie du ungesunde Situationen aushältst und zuläßt.

Beim Reden wirst du immer intensiver spüren, wie sehr du dich selbst verletzt. Und genau darum geht es. Du wirst die Verrücktheiten erkennen, mit denen du dich bislang selbst unterdrückt hast; du wirst deutlicher als vielleicht je zuvor erkennen und wahrnehmen, wie sehr du nicht deiner inneren Wahrheit folgst.

Es kann sein, daß du das Ausmaß deiner Selbstverleugnung erst jetzt wirklich erkennst, manchmal kann das wie ein Schock sein. Dann laß zu, daß du diesen Schock fühlst. Er rüttelt dich wach und weckt die innere Mutter auf, den Teil deiner Psyche, der darauf achtet, daß du rechtzeitig ins Bett gehst und keine kalten Füße bekommst.

Wir alle haben einen inneren Heiler und eine innere

Mutter, aber meistens schlafen sie oder sind auf sonst eine Art außer Gefecht gesetzt. Wir finden es langweilig, auf unsere Gesundheit zu achten. Langweilig und der Mühe nicht wert. Das ist das innere, meist trotzige Kind, das zu oft ermahnt worden ist und endlich über die Stränge schlagen will, so leben will, wie es ihm paßt.

Man kann das sehr gut bei Lungenkranken erkennen, die trotzig weiterrauchen, weil sie es sich nicht verbieten lassen wollen. Es schimmert durch das verkniffene Gesicht hindurch. Man hat das Gefühl, am liebsten wür-den sich diese Menschen auf den Krankenhausflur werfen, mit den Beinen auf den Boden trampeln und »Ich will aber!« schreien. (Würden sie es doch nur in einem geschützten Rahmen tun! Damit kämen sie dem, was sie wirklich wollen, sehr schnell auf die Spur.)

Oder wir spüren zwar sehr genau, was wir brauchen, halten es auch für sinnvoll und notwendig, doch die Angst treibt uns immer weiter an. Wir erlauben uns keine Pause, wir brauchen das Geld, den Job, was auch immer nötiger als Ruhe.

Genau in diesen Situationen greift die innere Mutter ein – wenn wir sie rufen und es ihr erlauben. Es ist eine gute Mutter, eine auf archetypische Weise fürsorgliche und liebevolle innere Führung. Auf ihre Stimme zu hören ist eine unglaubliche Herausforderung, denn sie klingt anders als alles, was wir uns normalerweise innerlich und äußerlich anhören. Sie wird dir immer raten, ins Bett zu gehen, wenn du müde bist, sie wird dich nach Hause schicken, wenn du krank bist, und sie wird darauf bestehen, daß du dich gut behandeln läßt, wenn du Schmerzen hast. Sie wird dir untersagen, weiterzuarbeiten, wenn du dich an deinem Arbeitsplatz nicht wohlfühlst, und wenn sie richtig gut drauf ist, dann traut sie sich sogar, das auch deinem Chef mitzuteilen.

Meistens aber liegt die innere Mutter gefesselt und geknebelt in einem Keller in dir. Denn wenn sie handlungsfähig ist, läßt sie nicht zu, daß die Angst das Regime führt. Und da Angst eine der stärksten körperlichen und emotionalen Symptome hervorruft (was bei echter Angst auch sehr sinnvoll ist, immerhin ist sie das unmißverständliche Warnsignal für Gefahr), halten wir sie für realer und wirklicher als die liebevollen Botschaften der inneren Mutter. Wir sorgen also dafür, daß sie ruhiggestellt wird, denn wir glauben, wir könnten es uns nicht leisten, ihrem Rat zu folgen.

Das Gegenteil ist der Fall. An irgendeinem Punkt in deinem Leben kannst du es dir nicht mehr leisten, ihr nicht zu gehorchen. Und der ist bald erreicht, sonst würde dich das Thema dieses Buches gar nicht erst interessieren. Also schau in den inneren Spiegel, indem du über deine krank machenden Strategien redest, schau deinem wahren Selbst ins Gesicht.

Reden wir aber vorher noch einmal über Angst

Angst ist eine der stärksten und eine der gesündesten Energien, die du zur Verfügung hast, genauso wie deine sexuelle Kraft. Das Verrückte an der Angst ist aber, daß sie – ähnlich wie die sexuelle Kraft – völlig fehlgeleitet ist. Echte Angst ist ein ausdrückliches und unmißverständliches Warnsignal deines gesamten Körpers. Sie macht dich weder handlungsunfähig, noch läßt sie dich in ungesunden Situationen verharren, im Gegenteil.

Echte Angst kommt immer dann, wenn es echte Bedrohungen gibt, und sie fühlt sich scharf, hochkonzentriert an und macht uns geradezu überwach. Alles andere sind künstlich geschaffene Ängste, die von irgendwelchen eventuell in der Zukunft eintreffenden Ereignissen ausgelöst werden, die wir zu kontrollieren versuchen, die uns aber nicht akut betreffen. Ich gebe dir ein drastisches, aber völlig normales Beispiel, um den Unterschied deutlich zu machen:

Du gehst, wie jeden Tag, unwillig und mit Magenschmerzen zur Arbeit, du weißt, du wirst dich am Ende des Tages wieder ziemlich schlecht fühlen, weil du dich überarbeitet hast, weil du und eine Kollegin aneinandergeraten seid, weil du wieder zuviel Kaffee und zuwenig Wasser getrunken, zuviel Zucker und zuwenig Obst

*gegessen hast. Dennoch gehst du hin, denn in dir lau-
ert die unbestimmte, nagende Angst, den Job zu verlieren, wenn du dich dem Streß nicht unterwirfst, dann
auf der Straße zu stehen, das Haus verkaufen zu müssen, von deiner Frau verlassen zu werden – und was weiß
ich noch alles. All das ist real, und es kann passieren,
aber das ist es noch nicht, und wenn du dich mit deiner
Schöpferkraft verbindest, gibt es völlig andere Möglichkeiten.*

*Du gehst also zur Arbeit, aber du hast am Mittag einen
Arzttermin, weil du in der letzten Zeit ein bißchen ab-
genommen hast, du fühlst dich irgendwie schwach
und schlecht und hast den Eindruck, etwas stimmt nicht
mit dir. (Herzlichen Glückwunsch übrigens, daß du
überhaupt zum Arzt gehst!) Der Arzt untersucht dich und
bittet dich in sein Zimmer. Mit ernster Stimme erklärt
er dir, daß du, wenn du so weitermachst, in wenigen
Monaten einen Herzinfarkt bekommst.*

*Oder warte. Das reicht nicht. Wenige Monate sind im-
mer noch viel zu weit weg. Nein. Er sagt dir, daß er
einen Knoten in deinem Magen festgestellt hat (ist ja
jetzt egal, wie er das gemacht hat) und daß der Knoten bösartig zu sein scheint.*

*So. Das, was du jetzt spürst, ist echte, angemessene
Angst. Und wenn du auch nur einigermaßen bei klarem Verstand bist, nimmst du sie nicht nur wahr, son-*

dern folgst ihren Botschaften. Meistens tun wir das nur,
wenn es buchstäblich um Leben und Tod geht. Wenn du
jetzt wieder zur Arbeit zurückgehst und spürst, wie sehr
dein Magen beim Betreten des Gebäudes zu schmerzen
beginnt, wirst du spüren, was du dir antust. Du wirst
die Situation endlich richtig einschätzen. Deine, ent-
schuldige, an den Haaren herbeigezogene und von den
Medien induzierte Angst vor Armut und vor dem Verlust
von Liebe wird im Angesicht deiner echten Angst ein-
fach verpuffen, und du wirst alles tun, was zu tun ist,
um wieder gesund zu werden.

Wenn du erst einmal gespürt hast, wie sich echte Angst
anfühlt und wie sie dich zum Handeln zwingt, dann
kannst du all das unterschwellige Ängsteln vergessen,
welches nur auf deiner Vorstellung gründet.

Da wir nicht in unserer Schöpferkraft ruhen, fühlen wir
uns wie ein Spielball der großen Konzerne. Die Medien
tun ein übriges. Eine sinnvolle, gute Berichterstattung
würde völlig anders aussehen, sie würde Mut machen
und uns erlauben, unsere Potentiale und Möglichkeiten
zu erkennen, anstatt uns zu verängstigen und zu läh-
men.

Die Berichterstattung und die Angstmacherei bewirken
genau das Gegenteil. Wir wachen nicht auf, sondern
schlafen wie narkotisiert ein. Warum? Weil die Sorgen,

die wir uns machen sollten, nicht real sind und uns deshalb nichts dazu einfällt. Es sind Situationen, mit denen wir lernen müssen, anders und kreativer umzugehen, aber keine echten Bedrohungen. Den Arbeitsplatz verlieren zu können ist keine echte, essentielle Bedrohung, auch wenn es sich so anfühlt.

Wenn du aber offen bleibst und nach innen hörst, dann wird dir in dieser Situation etwas anderes einfallen. Wenn du nicht auf die hysterischen Stimmen hörst, die dir sagen, daß du mit dreißig, vierzig oder fünfzig sowieso nichts mehr findest, sondern deine Schöpferkraft um Hilfe anrufst (Schritt drei), dann gelten andere Gesetze. Du bewegst dich in einem höher schwingenden Energiefeld, hier gelten andere Regeln. Regeln, von denen die Nachrichtenmagazine, ganz gleich, wie korrekt und seriös sie auch sein mögen, nichts wissen.

Je seriöser diese Magazine übrigens sein wollen, desto weiter weisen sie höher schwingende Ebenen des Lebens und des Bewußtseins von sich, desto mehr stützen sie sich auf Fakten und Zahlen. Aber diese Fakten und Zahlen spiegeln eine angsterfüllte, gelähmte Situation wider, deshalb bewirken sie auch nur solche. (Nur am Rande: Auch höher schwingende Ebenen kann man mit Zahlen und Fakten belegen, wenn man sich ernsthaft damit beschäftigt. Das halte ich für sehr wichtig.)

Wenn du nun also beim fünften Schritt über deine Situation zu sprechen beginnst und dir das Ausmaß deiner Selbstverleugnung anschaust, wirst du wach für die echten und akuten Bedrohungen in deinem Leben. Und damit wirst du handlungsfähig. Du bekommst vielleicht zunächst einen Schreck, aber dieser wird heilsam sein, denn er holt dich aus deinem narkotisierten Zustand und macht dich bereit für den nächsten Schritt.

Der sechste Schritt

Wir werden bereit, uns zu ändern, besser für uns zu sorgen und das, was uns krank macht, hinter uns zu lassen.

Und es kam der Tag,
als das Risiko, in der Knospe zu verharren,
schmerzlicher wurde, als das Risiko, zu blühen.

ANAÏS NIN

Um diesen Schritt auch nur in Betracht zu ziehen, brauchst du unbedingt etwas Besseres als das, was du bislang »dein Leben« nennst. Es hat überhaupt keinen Sinn, all die Veränderungen auszuhalten und auf dich zu nehmen, wenn du nicht einen echten Grund dafür hast, überhaupt gesund sein zu wollen.

Du hast es dir sicher gut eingerichtet in deinem Leben. Du fühlst vielleicht nicht wirklich, was in dir geschieht, du bist nur so halb auf der Erde und ziehst alles irgendwie durch. Du bist nicht glücklich, aber richtig unglücklich bist du auch nicht. Alles ist irgendwie o.k., du hangelst dich halt so am Leben entlang.

Wozu solltest du jetzt auf einmal gesunde Dinge tun, vielleicht auf etwas verzichten, dich durch Sport anstrengen? Warum solltest du Angst aushalten, indem du eine gefürchtete Untersuchung über dich ergehen läßt? Nur, damit du noch besser und mehr arbeiten kannst, damit du dein Haus noch perfekter putzen kannst oder damit du besser aussiehst? Das reicht nicht.

Ich hoffe nicht, daß du dieses Buch liest, weil du todkrank bist. Falls doch, dann sind mein Segen und meine guten Wünsche bei dir, und ich bete, daß du etwas in diesem Buch findest, was dir hilft. Bitte rufe dir deine Schutzengel herbei, falls dir das hilft, und erlaube ihnen, dich vorzubereiten und zu begleiten, wenn du wirklich gehst. Danke, daß du auf der Erde bist und diese Erfahrungen mit uns teilst. Du wirst bereits sehnlich in anderen Dimensionen erwartet, du darfst loslassen, wenn du spürst, der Zeitpunkt kommt.

Für euch alle, die ihr vielleicht bald gehen werdet, ich habe eine Botschaft für euch:

Wir danken dir, geliebte Seele, für diese großartige Bereitschaft, den Weg des irdischen Lebens zu gehen. Wir wissen, wie sehr du daran hängst. Vielleicht glaubst du gar, es gäbe nichts anderes, oder hast Angst, einen wichtigen Teil zu verlie-

ren. *Das Gegenteil ist der Fall, liebste Seele, wir warten hier auf dich mit den schönsten Geschenken und den Seelenteilen, die nicht auf der Erde waren, weil sie zu verletzlich, zu weit entwickelt oder zu übermütig und frei waren, um in diesem Leben auf der Erde zu sein.*

Wir bitten dich, erlaube dir, leicht loszulassen, der Zeitpunkt ist genau richtig, und hier geht es weiter. Du wirst erwartet, deine Seelenfamilie, deine Engelheimat und alle, die du verloren glaubtest, warten auf dich. Wir streuen dir Blumen – oder das, was in unserer Dimension Blumen sind … Wenn du jetzt die Augen schließt, dann spürst du einen Hauch dessen, was dich hier erwartet … Wir wollen, daß ihr lernt, daß euer Sterben leicht sein kann, ein Transformationsprozeß, nichts weiter. Ihr legt eine Schwingung ab, nämlich euren Körper. Dankt ihm, dann geht weiter; ihr könnt einen neuen haben, wenn ihr das wollt. Es ist, wie aus einem Haus auszuziehen. Spürt den Abschiedsschmerz, aber seht auch die neue Chance, die neue Möglichkeit:

Wenn ihr bei uns seid, werden wir euch lehren, wie ihr eure geliebten Angehörigen geistig, emotional und sogar körperlich berühren könnt.

Wenn ihr wollt, dann übt das gemeinsam, noch während ihr auf der Erde sein. Übt, euch im Geiste zu berühren, aber seid nicht traurig, wenn es nicht funktioniert, es ist sehr viel leichter, wenn einer von euch keinen Körper mehr hat. Wisset, ja seid ganz sicher: Weil es so IST, werdet ihr euch nicht verlieren.

Wir können euch nicht den Schmerz um den Verlust eures menschlichen Körpers abnehmen, er ist groß. Aber es ist nur ein Schmerz, mehr nicht. Ihr könnt weiterhin in Verbindung bleiben; manche erfahren sogar, daß es leichter und liebevoller ist, in Kontakt miteinander zu stehen, wenn einer von euch keinen Körper mehr hat.

Wir hier auf der körperlosen Seite können euren Schmerz um den Verlust eurer Körper sehen, und sicher sind wir nicht befugt, ihn euch kleinzureden. Aber wir sagen euch, wir streuen Blumen für alle, wir lieben euch, wir freuen uns so sehr, wenn ihr endlich wieder mit all eurer Aufmerksamkeit in dieser Dimension der Liebe, des Wissens, des Mitgefühls und des Verstehens angekommen seid. Bitte erlaube uns nun, dir das Licht zu zeigen, das dich erwartet.

Wir lieben euch, und wir sehen euren Schmerz, bitte erlaubt uns, ihn leichter zu machen, indem

*wir euch all unsere Liebe und all unser Licht
schicken.*

Bitte, nimm das an, wenn du spürst, daß dein Körper sich
verabschieden will.

Ich hoffe, du hast dir dieses Buch besorgt, weil du einfach
wissen willst, wie du ein Bewußtsein für Gesundheit
erlangst.
Gern. Aber wozu willst du das überhaupt auf dich
nehmen? Weißt du, wenn du dich wirklich verändern
willst, wenn du wirklich genesen willst, dann ist das ein
langer Weg, und er führt dich durch deine Gefühle,
Ängste und Schmerzen hindurch.
Darf ich dich um etwas bitten? Nimm dir etwas zu
schreiben, und erstelle eine Liste mit Dingen, die du
gerne tun würdest, wenn es dir bessergige. Wenn du
nicht echte, stabile Anker in ein gesünderes Leben
hineinwirfst, dann bleibt es wieder einmal beim Vorsatz.
Alkoholiker haben es leichter. Wenn sie bei diesem
Schritt ankommen, sind sie so am Ende, daß die Alterna-
tive meistens nur noch Sterben ist. (Das erlaube ich mir
nur zu sagen, weil ich weiß, wie es ist, süchtig und
emotional wahrhaft am Boden zu sein, nicht mehr nur
auf den Knien.)
Das ist bei dir, hoffe ich, nicht der Fall. So brauchst du

etwas, wofür es sich lohnt, überhaupt auf der Erde zu sein. Es reicht nicht, daß es dir ein bißchen bessergeht, das trägt nicht lange. Es gibt soviel mehr für dich auf dieser schönen Erde. So beginne zu träumen, und stell dir vor, dein Leben wäre so leicht und einfach, wie du es dir nur erlauben kannst.

Was bedeutet es für dich, gesünder zu sein? Ich gebe dir hier einmal ein paar ziemlich gute Argumente dafür, dich besser um deine Gesundheit zu kümmern, Argumente, an die du vielleicht bislang noch gar nicht gedacht hast.

Erstes Argument:
Dazu ein Spruch, den ich gerade gelesen habe:

Tu deinem Leib Gutes,
damit deine Seele Lust hat, darin zu wohnen.

Teresa von Ávila

Zweites Argument:
Deine göttliche Kraft fließt immer besser, je freier und gesünder dein Körper ist. Dadurch spürst du deine dir innewohnende Schöpferkraft immer weiter, wirst immer mehr von Opfer zum Schöpfer deiner Umstände.

Zu abstrakt? Wie wäre es damit:

Drittes Argument:
Gesundheit ist eine Spirale, die dich nach oben führt, genauso wie Mißbrauch deines Körpers eine Spirale ist, die dich nach unten führt. Du hast nur die Wahl zwischen diesen beiden Zuständen, es gibt keinen stabilen Status quo.

Immer noch zu weit hergeholt? Dann nimm doch diese Argumente:
Mehr Gesundheit führt mich zu mehr Leichtigkeit und Freude! Mehr Gesundheit führt mich zu mehr Schönheit, zu mehr Sex und zu mehr Geld!

Machst du selbst weiter?

Mehr Gesundheit führt mich zu mehr

....

....

Du wirst dich wundern, wie dein Selbstwertgefühl und deine Lebensfreude zu steigen beginnen, wenn du das tust, wobei du spürst, daß es gut für dich ist, und wenn deshalb diese unterschwellige Angst verschwindet.

Es hört sich absurd an, daß ich dich zu mehr Gesundheit überreden will, aber du weißt selbst, wie bequem du es dir mittlerweile in diesem halb gesunden, halb kranken Zustand gemacht hast, oder? Dieser Schritt fordert nichts Geringeres, als daß du bereit wirst, diesen halbherzigen Zustand aufzugeben und dich dem Leben in all seiner Fülle und Kraft zu stellen.

Es kann sein, daß du jetzt den Kopf einziehst und mich verläßt, denn jetzt wird es konkret. Vielleicht wendest du auch ein, daß du natürlich bereit bist, du wärst ja nicht blöd und außerdem hättest du schließlich dieses Buch gekauft, um etwas zu verändern. Ja, das mag sein. Ich rede hier aber von einer tieferen Bereitschaft, einer, die sich nicht gleich im Keim ersticken läßt, sondern die dich auch dann noch trägt, wenn die alten Programme wieder greifen.

Es ist sehr leicht, nach Veränderung zu schreien, das tun wir den ganzen Tag. Aber sie wirklich zuzulassen, die eigenen inneren Programme zu verändern und die Gefühle auszuhalten, den Dehnschmerz, der kommt, wenn du dich anders zu verhalten beginnst, erfordert ein sehr tiefes Einlassen.

Kennst du das nicht? Im Überschwang der Gefühle und des »So geht´s nicht weiter« meldest du dich in einem Fitneßcenter an, läßt alle Süßigkeiten verschwinden, knüllst die letzte Zigarettenpackung zusammen. In diesem Moment meinst du es mehr als ernst, und du beschließt, daß du es diesmal schaffst, was auch immer du schaffen willst.

Dieser Zustand hält meistens maximal vier Wochen an, dann schleichen sich die alten Verhaltensweisen wieder ein, wir werden wieder unaufmerksam und träge. Wir finden Ausreden, warum wir heute nicht trainieren gehen, warum wir heute rauchen oder Zucker essen dürfen, und sehr rasch kommt das alte Gefühl »Ich schaff's sowieso nicht«, oder »Darauf kommt es jetzt auch nicht mehr an«.

Die Bereitschaft zu dauerhafter Veränderung erlangst du nur, wenn du von nun an wachsam bist und dir täglich sehr genau anschaust, wie deine alten Verhaltensweisen dich schädigen. Laß es zu, daß du dich nach einer Zigarette körperlich unwohl fühlst, und rede dir das nicht wieder aus. (Das ist nur ein Beispiel; es ist schließlich deine Entscheidung, ob du rauchen willst oder nicht. Es geht nur darum, daß du dir immer wieder genau anschaust, wie das wirkt, von dem du spürst, daß es dir schadet.)

Halte das schlechte Gewissen aus, wenn du nicht zum Sport gehst oder zuviel Pizza gegessen hast. Spüre die Ohnmacht und die Erschöpfung, wenn du wieder viel zu lange im Büro warst oder den hundertsten Streit mit deinem Partner hattest. Nur wenn du auf Dauer wahrhaben willst, was mit dir geschieht, wenn du deine alten Programme bei klarem Bewußtsein weiterlaufen läßt, kommt jeden Tag aufs neue die Bereitschaft, dich anders zu verhalten.

In den 12-Schritte-Gruppen gibt es die wunderbare Formel: »Nur für heute«. Als ich zwar von diesen Gruppen wußte, aber noch nicht der Meinung war, ich gehörte dahin, fand ich sie ziemlich albern. Jeder weiß doch, daß es nicht nur um heute geht, sondern daß du dich für den Rest deines Lebens anders verhalten mußt, wenn du lernen willst, aus deiner Sucht auszusteigen, oder auch sonst nicht krank werden möchtest.

Nun, so arrogant redet man nur daher, wenn man keine Ahnung hat, womit man konfrontiert wird, wenn man ernsthaft nach einer Veränderung strebt. Heute ist das »Nur für heute« mein Anker, mein Rettungsboot, auf dem ich mich durch süchtige Zeiten hindurchrette. »Für heute« sind manchmal nur die nächsten fünf Minuten oder der nächste Atemzug.

Und in Wahrheit geht es auch nur um heute, denn nur für heute hast du die Kraft, dein Leben zu gestalten. Das, was du morgen zu tun hast, wirst du mit der Kraft von morgen schaffen. Wir müssen es uns erlauben, unser Leben Tag für Tag zu leben. Natürlich stehen all diese Tage im Zusammenhang, und wir legen heute den Grundstein für morgen. Dennoch legen wir ihn heute und brauchen uns auch nur um jenen Grundstein zu kümmern.

Stell dir vor, dein Leben ist eine Art Straße. Heute pflasterst du genau das Stück, das du heute gehst. Du kannst nicht mehr pflastern und vor allem – du brauchst es nicht! Du brauchst noch nicht einmal zu wissen, wie genau diese Straße aussehen und wie lang sie sein soll. Es genügt, daß dir verschiedene Steine für alle möglichen Muster zur Verfügung stehen.

»Verschiedene Steine« meint dabei verschiedene Verhaltensmöglichkeiten und die Offenheit für andere Wege. Wenn du zu abhängig von bestimmten Ergebnissen bist, dann wird erstens deine Straße todlangweilig, und zweitens wirst du ziemlich in Schwierigkeiten kommen, wenn dir die Steine ausgehen, an denen du festhältst. Das Wundervolle am Leben ist, daß immer Steine daliegen. Vielleicht erkennst du sie nur nicht als solche, oder sie sind dir zu bunt oder zu klein. Vielleicht mußt du sie dir auch erst ein bißchen zurechtklopfen.

Welche Steine also willst du heute nutzen, um deine Straße weiterzubauen? Sollen sie dich tragen und einen neuen Weg einleiten, oder willst du weiterhin Steine verwenden, die dir längst nicht mehr gefallen und den Weg holprig und unpassierbar sein lassen?

Natürlich kannst du jetzt einwenden, es sei doch egal, wie die Straße am Ende aussieht, wenn es sowieso nur für heute ist. Dann wird es halt ein Gestückel und du bist nun mal kein Straßenbaumeister. Das stimmt. Aber was wäre, wenn du wüßtest, daß das Leben dir genau über diese Straße immer wieder neue Möglichkeiten und diese ganz besonderen Glücksfälle schickt? Ist es dann nicht sinnvoll, eine feste, stabile Straße zu haben, damit der Wagen nicht steckenbleibt?

Und was wäre, wenn das Leben dein Bauwerk scannt, also irgendwie erkennt, und dir die dazu passenden Gelegenheiten schickt? Das ist, als würde eine göttliche Kraft sich deinen Weg anschauen und daraus schließen, was du brauchst und haben willst. Wenn du eine morastige, schlecht ausgebaute Straße hast, wird dich das Leben für einen begeisterten Bauern halten und dir einen Traktor zukommen lassen, weil es glaubt, der wäre das, was dich unterstützt. Außerdem kämen andere Wagen gar nicht erst an ihr Ziel. So zeige dem Leben, was du willst, indem du die Steine verwendest, die es verkörpern und möglich machen!

Das ist natürlich ein sehr ausgemaltes Bild, vielleicht findest du, es ist ein bißchen an den Haaren herbeigezogen. Weißt du, was? Wenn du das nächste Mal vor der Entscheidung stehst, in ein altes Muster zu fallen oder neue Wege zu pflastern, dann rufe dir das Bild der Straße ins Gedächtnis. Du wirst dich vielleicht wundern, wie sehr es dir hilft.

Das Unterbewußtsein liebt eine einfache, bildhafte Sprache, damit kann es sehr viel mehr anfangen als mit komplizierten psychologischen Erklärungen. Bitte es doch einfach, dir ein inneres Bild für die Steine zu geben, mit denen du deine Straße pflasterst, wenn du etwas für dich Schädliches tust.

Wenn ich mir ein inneres Bild für zwanghaftes Essen geben lasse, ist es, als baute ich hohe Hindernisse in die Straße ein, Hindernisse, die den Weg sehr holprig und gefährlich machen. Sehr unregelmäßiges, grobes Kopfsteinpflaster zum Beispiel. Ein Rolls-Royce, der goldene Gelegenheiten mit sich führt, kann diese Straße nicht mehr benutzen, auch die weiße Pferdekutsche, die mir romantische und zauberhafte Möglichkeiten bringen will, kommt in Schwierigkeiten …

Rauchen sehe ich als tiefe Löcher in der Straße und zuviel Arbeit als vereiste, sehr glatte Stellen. Die Möglichkeiten kommen ins Rutschen und gleiten in den Straßengraben … schade!

Laß dir von deinem Unterbewußtsein eigene innere Bilder geben, dann wirst du auf noch tieferen Ebenen verstehen, auf welche Weise du dein Leben gestaltest. Und dann fällt es dir sicher einigermaßen leicht, bereit für echte Veränderungen zu werden.

(Ich merke gerade beim Schreiben, daß ich mir beim Bau meiner Straße sehr viel mehr Zeit lassen will. Normalerweise kippe ich Beton drauf – und ratzfatz fertig, weiter geht's. Auch ich hätte die Autobahnen erfinden können. Ich glaube, ich werde mich einmal an einem kunstvollen Muster versuchen, auch wenn es vielleicht lang dauern wird, eine Art wunderschönes Ornament … bunte Steine liegen im Moment genug herum …)

Der siebte Schritt

Wir bitten die göttliche Kraft, die wir für uns definiert und gefunden haben, alles von uns zu nehmen, was unserer Genesung im Wege steht.

Gott ist wie ein Arzt: Er hört nicht auf den Wunsch des Kranken, er hört nur auf die Forderungen der Gesundheit.

Augustinus Aurelius

Der siebte Schritt leitet eine Bewußtseinsveränderung ein, die du niemals nur mit deinem Verstand erreichen kannst. Du gestattest gesünderen Anteilen in dir, von nun an Regie zu führen und echte Veränderungen zu bewirken. Oder, wenn du dich tiefer mit spirituellen Themen beschäftigst: Du erlaubst höher schwingenden Energien, dein Feld zu verändern, dich zu einer höheren Frequenz zu führen.

In diesem Schritt kommt alles ans Licht, was dich bis jetzt daran gehindert hat, tiefer in deinem Körper verankert zu sein und besser für dich zu sorgen. Dein Zögern, Zaudern, Zweifeln, das Verdrängen und Ignorieren. Dein Eigensinn, der dich daran hindert, überhaupt zum Arzt zu gehen, vielleicht auch andere Heilmethoden auszuprobieren, Geld für deine Genesung auszugeben oder dich für Neues öffnen, all das läßt du in diesem Schritt nach und nach hinter dir. Nun spürst du mit aller Deutlichkeit, wozu dir all diese Verhaltensweisen gedient haben.

Wir verlieren unser Bewußtsein für unsere seelische und spirituelle Schöpferkraft, wenn wir einen Körper haben, denn in ihm erleben wir Einsamkeit, Hunger, Kälte und Tod. Das sind Schöpfungen, die nur in dieser dichten Materie möglich sind und die unserem eigentlichen Wesen völlig fremd erscheinen.

Immer, wenn wir fragen, wie Gott etwas zulassen kann, spüren wir, daß es so nicht zu sein bräuchte, daß es auf anderen Ebenen anders ist, daß etwas sehr Fremdes stattfindet. Sobald wir einen Körper haben, vergessen wir, daß der Tod nichts ist als eine Energieumwandlung, ein Übergang in einen anderen energetischen Zustand. Wir verlieren mit dem Tod lediglich unseren dichtesten materiellen Ausdruck.

Das ist für denjenigen, der seinen Körper verliert, oft eine befreiende und erlösende Erfahrung, wenn er sich erst mal damit abgefunden und wahrhaft darauf eingelassen hat. Aber der Weg dahin führt durch die Todesangst hindurch. Außerdem müssen wir Abschied nehmen von einer Daseinsform, die uns so sehr zum Fühlen zwingt, daß wir uns darin nur allzuoft verlieren. Und weil wir das wissen, entscheiden wir uns irgendwann, nicht mehr ganz zu kommen, nur noch gerade so anwesend zu sein. Wir hoffen, dadurch besonders die emotionale Verstrickung in allzu irdische Energien und Geschehnisse zu vermeiden.

Wenn wir uns nun entscheiden, auf alles zu verzichten, was uns von uns selbst trennt, dann beginnen wir wieder zu fühlen. Wir spüren unsere Angst, unsere Ohnmacht, die Wut auf Gott und auf das Leben selbst.

Dabei haben wir nur etwas vergessen. Wir haben vergessen, wie es ist, Schöpfer zu sein, dabei sind wir es den ganzen Tag. Alles, was in deinem Leben geschieht, ist eine energetische Antwort auf die Frequenz, in der du lebst, in der du selbst schwingst. Meistens sind uns diese Frequenzen überhaupt nicht bewußt, und wir sehen nur erstaunt und befremdet, was wir uns so erschaffen.

Lange Zeit halten wir uns damit auf, die Ereignisse in unserem Leben für Zufall und Willkür zu halten. Irgendwann erkennen wir dann in ausgewählten Bereichen unseres Lebens, daß wir selbst die Schöpfer unserer Wirklichkeit sind, und wir beginnen, diese Eigenschaft bewußt zu trainieren. Am leichtesten fällt uns das in

Bereichen, in denen wir sowieso schon ziemlich an das Bewußtsein von Fülle und Liebe angeschlossen sind. Wir trainieren positives Denken und Affirmationen oder was uns sonst so einfällt. Aber in den Bereichen, die von Angst durchdrungen sind, trauen wir uns dennoch nicht zu, Schöpfer zu sein. (Oder andersherum: In den Bereichen, die noch nicht von unserer bewußten Schöpferkraft durchdrungen sind, bekommen wir Angst.)

Dabei macht es für deine dir innewohnende Schöpferkraft keinen Unterschied, ob du dir einen Parkplatz oder einen starken, gesunden und von Licht erfüllten Körper erschaffst. Für deine Gedanken und dein Bewußtsein aber ist der Unterschied gewaltig, denn das eine ist dir relativ gleichgültig, vom anderen hängt hingegen dein irdisches Leben ab. Es ist leicht, etwas zu erschaffen, wenn uns das Ergebnis nicht wirklich interessiert, sondern lediglich erfreut und das Leben ein wenig leichter macht. Wenn du aber mit jeder Faser deines Seins etwas Bestimmtes zu brauchen glaubst, dann schwingt die Frequenz der Angst in deiner Schöpfung mit, und meistens ist es die Angst, die das Ergebnis bestimmt.

So sind die Fragen an dich: Hältst du es tatsächlich für möglich, die Schöpferin, der Schöpfer deiner eigenen Wirklichkeit zu sein, und zwar auch und gerade in den Bereichen, die dir Sorgen bereiten, in denen du dich ausgeliefert fühlst? Hältst du es für möglich, daß du dich selbst auf »Gesundheit« oder, noch besser, sogar auf die pure Lebenslust, umprogrammieren kannst? Glaubst du, daß sich dein Körper auch tatsächlich danach richtet? Oder glaubst du, du könntest zwar ein bißchen was bewirken, aber es gäbe größere Kräfte, auf die du keinen Einfluß hast, die einfach irgendwann zuschlagen?

So etwas wie das Schicksal, das du nicht bestimmen kannst?

Weißt du, was? Beides stimmt. Es kommt nämlich darauf an, in welchem Bewußtseinszustand du bist. In dem Schwingungsbereich, in dem die meisten von uns den ganzen Tag umherlaufen und ihre Arbeit tun, haben wir tatsächlich keinen großen Einfluß und schon gar nicht die kreative Kraft, etwas zu verändern. Hier wirken vor allem deine unbewußten Kräfte. (Merkst du was? Es sind dennoch immer deine eigenen Kräfte, ganz gleich, ob du dir dessen bewußt bist oder nicht.)

So ist mein wichtigstes Anliegen bei diesem Schritt, dein Bewußtsein nach und nach an deine eigene Schöpferkraft anzuschließen, damit du immer klarer und selbstbestimmter das erschaffen kannst, was du in deinem Leben haben willst. Je besser du an diese Schöpferkraft angeschlossen bist, um so kleiner wird deine Angst, denn du bekommst immer mehr die Kontrolle über dein Leben zurück.

Das, was uns an unserem Körper so tief verstört und

verängstigt, ist unser Gefühl, daß wir ihn nicht kontrollieren können. Also versuchen wir, stellvertretend die Angst und das Gefühl des Ausgeliefertseins zu kontrollieren, indem wir unsere körperlichen Signale entweder ignorieren oder allzu ängstlich mit ihnen umgehen.

Aber die schreibt doch immer, wir sollen die Kontrolle aufgeben und loslassen, denkst du jetzt vielleicht. Das stimmt auch. Es geht hier nicht um die gewöhnliche Art, mit der wir uns selbst und die Reaktionen der anderen zu kontrollieren versuchen, sondern um deine an die göttliche Frequenz angeschlossene Schöpferkraft. Das ist Kontrolle auf allerhöchster Ebene, Kontrolle im Sinne der Schöpfung. Du schließt dich in vollem Bewußtsein an die göttliche Ordnung an, du erlaubst ihr, in allen Bereichen deines Lebens aufzuräumen, was auch immer das für dich bedeutet.

Das ist die einzige Kontrolle, die du brauchst. Du kannst es auch Verantwortung nennen. Wir sind dafür verantwortlich, welcher Frequenz wir dienen, und unser Bewußtsein bestimmt diese Frequenz und spiegelt sie zugleich wider. Wir entscheiden »Dein Wille geschehe« und meinen damit den Willen (oder, völlig undramatisch, schlicht die Gesetze) der ordnenden, unglaublich kreativen Schöpferkraft, die alles durchdringt.

In der Physik gibt es die sogenannte »String-Therorie«. Sie vereint alle bisherigen physikalischen Erkenntnisse, auch die, die einander scheinbar widersprechen. Strings sind allerkleinste Energiewellen. Alles, was existiert, unterscheidet sich laut dieser Theorie ausschließlich durch die Frequenz, in der die Strings schwingen. Was wäre, wenn jene Energiewellen auf unser Bewußtsein reagierten?

Wissenschaftliche Forschung gründet sich zunächst immer auf reine Beobachtung. Später werden Wissenschaftler nicht müde, die physikalische Wirkung, die sie sehen, mittels Formeln und Messungen zu belegen, doch zunächst beobachten sie Phänomene, ohne gleich die wirkenden Gesetze verstehen zu müssen.

Physiker zum Beispiel sind absolut bereit und geübt darin, Ereignisse und Phänomene zumindest als wirksam und vorhanden anzuerkennen, auch wenn sie noch nicht mittels Formeln oder gar durch Meßwerte erklärt worden sind. Es ist ein Trugschluß, zu glauben, Wissenschaftler wären verknöcherte Wesen, die nichts gelten lassen, was sich nicht beweisen läßt. Das Gegenteil ist der Fall. Wissenschaftler erlauben der Welt, sich ihnen zu zeigen, wie sie ist, und sie erlauben ihr, sie in immer neue Verwirrungen zu stürzen, wenn sich neue Phänomene zeigen oder sich verschiedene Theorien zu widersprechen scheinen.

Es sind Physiker, die darauf bestehen, daß es eine große Wahrheit, ein großes physikalisches Gesetz gibt, dem sich alles beugen muß. Erinnert uns das nicht sehr an das hermetische Gesetz »Wie oben, so unten; wie im Großen, so im Kleinen?« Wissenschaftler erklären das, was sie beobachten, egal, wie absurd es ihnen auch erscheinen mag, und sie sind dabei außerordentlich ausdauernd und geduldig. Nun denn, beobachten wir also.

Daß wir durch unser Bewußtsein Einfluß auf unseren Körper haben, wissen wir, spätestens seit wir das Autogene Training erforscht haben und anwenden. Es ist nachgewiesen, daß bestimmte formelhafte Anweisungen das Herz beruhigen, die Arme schwer sein lassen und so weiter. Wir wissen, was im Körper geschieht, welche Stoffe wirksam werden und wie Körper und Bewußtsein zusammenhängen. Bei diesem Schritt dehnen wir einfach diese Erkenntnisse aus, wir wenden sie auf jede einzelne Zelle und auf jede Bewußtseinsebene an. Das geht aber nur, wenn wir für möglich halten, daß tatsächlich jede Zelle darauf reagieren wird, und wenn wir bereit sind, zu verstehen, warum sie es vielleicht nicht tut. (Du erinnerst dich: Immer, wenn du auf einer Ebene unerlöste Energiestörungen hast, drückt dein Körper sie über kurz oder lang durch eine Krankheit aus, damit du sie bemerkst.)

Wenn du dein Bewußtsein ändern willst, ist es zum Glück egal, wo du ansetzt. Auf welcher Ebene auch immer du mit Veränderungen beginnst, sie ziehen Kreise wie ein Tropfen, der ins Wasser fällt. So beginne, dich auf der Ebene, die dir am leichtesten zugänglich ist, anders zu verhalten. Zum Beispiel kannst du bewußt lernen, anders zu denken; der Rest deines Energiesystems folgt der Veränderung. Nicht, weil die Gedanken die Ursachen für deinen Zustand sind, sondern weil es, wie gesagt, keine Rolle spielt, auf welcher Ebene du mit einer Veränderung beginnst. Die Ebene der Gedanken ist für die meisten am leichtesten zugänglich, weil wir einen überaus trainierten Verstand haben und besser denken als fühlen können.

So denke von nun an andere Gedanken, und wenn du dir dabei noch so seltsam vorkommst. Wenn du nicht an das glaubst, was du denkst, dann tu einfach so. Was würde ein Schöpfer denken? (Schritt drei)

»Ich kann es aus eigener Kraft nicht ändern, aber ich übergebe dieses Problem jetzt meiner Schöpferkraft. Ich weiß, sie wird mich zu größtmöglicher Gesundheit und zu echtem Wohlbefinden führen.« – Ob du das im Moment glaubst oder nicht, ist ganz gleich, halte es einfach nur für möglich.

Wann immer du also spürst, daß dich das, was du bei Schritt vier erkannt hast, zu behindern beginnt und wirken will, wann immer du also die alten Gedanken denkst, die alten Gefühle spürst, bitte von nun an sofort deine höhere (also schneller schwingende) Kraft um Hilfe. Bitte sie, dein Schwingung bzw. dein Bewußtsein sofort auf die Frequenz von Liebe, Fülle, Genesung, Zuversicht und Gesundheit anzuheben.

Selbstverständlich kannst du auch beginnen, von nun an jeden Tag eine Minute lang bewußt deinen Atem zu beobachten. Oder du schreibst jeden Tag ein paar Sätze auf. Es gibt unendlich viele Möglichkeiten, deine gewohnten Handlungen zu durchbrechen, und alle sind wirksam, denn sie brechen deine starren Muster auf. Damit wird der Weg frei für neue Strukturen und neue Ansätze. (In dem Buch »Was dir Kraft gibt« stelle ich dir eine Fülle von Möglichkeiten für Veränderungen vor.)

Ich möchte dir an dieser Stelle noch einmal mit anderen, weniger von der Physik beeinflußten Worten erklären, was durch Änderung deiner gewohnten Handlungen geschieht.

Deine Wahrnehmung verschiebt sich. Du wendest den inneren und auch den äußeren Blick von dem ab, was dir nicht gefällt, und du richtest deine Aufmerksamkeit auf das, was sich gut anfühlt. Eben deine Aufmerksamkeit ist es, die Zustände mit Energie versorgt. Das, was du wahrnimmst, verstärkt sich.

Es gibt eine Studie darüber, daß Körperteile augenblicklich besser durchblutet werden, wenn man sich auf sie konzentriert. Du richtest den Strom deines Bewußtseins auf eine bestimmte Stelle, und sie reagiert darauf. Bei Kindern spürst du es vielleicht besonders deutlich: Sobald du sie wirklich wahrnimmst, beruhigen sie sich und fühlen sich geliebt und beschützt. Und kennst du nicht selbst das Gefühl, mit Energie versorgt zu werden, einfach nur, weil dir jemand für ein paar Minuten seine ungeteilte Aufmerksamkeit schenkt?

Das ist positives Denken, wenn du das Wort »positiv« nicht mit »gut«, sondern mit »bejahend, zustimmend« übersetzt. Das, was du denkst und worauf du dich konzentrierst, bejahst du, ob es lebensfördernd oder lebensfeindlich ist – ganz gleich, ob du es bewußt wahrnimmst oder nicht –, weil du es mit deiner Energie versorgst.

Und letztlich weißt du das auch. Es ist eine bekannte Tatsache, daß man zum Beispiel Mitarbeiter durch Lob motiviert und nicht durch Strafe. Denn was passiert, wenn du jemanden lobst? Du richtest deine Aufmerksamkeit auf das, was dich freut und deiner Sache dient. Beim Strafen dagegen passiert genau das Gegenteil, du gibst das Geschenk deiner Aufmerksamkeit einer Energie, die du loswerden willst. Das funktioniert nicht wirklich.

Verstärke das Verhalten, das du erreichen willst, durch Lob. Jeder Hund wird so abgerichtet. Du kennst das Prinzip, und du setzt es an einigen Stellen auch längst erfolgreich und geübt ein. Jetzt geht es darum, dieses Verhalten zu erweitern und es auf Zustände anzuwenden, bei denen du dich hilflos und ausgeliefert fühlst.

Eine andere Möglichkeit, dein gewohntes Verhaltensmuster auf relativ einfache Weise zu durchbrechen, ist, bewußter auf deinen Atem zu achten. Der Atem ist die ideale Schaltstelle zwischen den unbewußten Körperfunktionen und deinem bewußten Eingreifen, denn du kannst deinen Atem sehr leicht verändern. Halte jetzt, in diesem Moment inne, und atme ein paarmal sehr bewußt tief durch. Nicht wegen des Sauerstoffs, sondern damit du spürst, wie leicht und selbstverständlich dir dieses Werkzeug zur Verfügung steht. Wenn du auch nur einige Male am Tag tief und bewußt atmest, wirst du geistig wacher, es geht gar nicht anders.

Der achte Schritt

Wir fertigen nun eine Liste der Dinge und Verhaltensweisen an, die uns schädigen, und wir werden bereit, all das an uns selbst wiedergutzumachen.

Aber wo finde ich dann den Ort, der den Hunger meiner Seele stillt?
Nichts, nichts wirst du finden in der Leere deines Seins.
Sei stark und begib dich in deinen eigenen Körper, denn damit stehst du auf festem Grund.
Bedenke es wohl, mein Herz: Geh nicht woanders hin.

Kabir

Für die nun zu erstellende Liste schaust du dir am besten den vierten Schritt noch einmal an. Schreibe in Tabellenform auf, was du ändern solltest, um in Richtung »Gesundheit« zu wechseln, und notiere die konkreten Maßnahmen dahinter. Zum Beispiel: um Hilfe bitten, zum Arzt oder Heilpraktiker gehen, abnehmen, weniger arbeiten, eine Beziehung eingehen oder verlassen, weniger trinken, weniger rauchen, sich weniger Sorgen (auch um andere) machen ...

Du brauchst bei diesem Schritt noch nichts davon umzusetzen, also erlaube dir, alle erforderlichen Maßnahmen aufzuschreiben, auch wenn du nicht weißt, auf welche Weise du sie verwirklichen sollst. Vergiß dabei bitte nicht die Sorgen um andere. Wir verschwenden fast alle sehr viel Energie, indem wir versuchen, auf eine Weise für andere dazusein, die gar nicht hilfreich und oft nicht einmal erwünscht ist. Das ist Coabhängigkeit und sehr verbreitet. Es fühlt sich an wie Liebe, tatsächlich aber ist es Angst; Angst, den anderen zu verlieren, wenn wir ihn nicht kontrollieren.

Ein Schöpfer folgt seiner inneren Stimme, ganz gleich, was es ihn kostet, weil er weiß, daß sie letztlich zu immer mehr Lebendigkeit und Lebensfreude führt. Ebendas ist es, was einen Schöpfer mehr als alles andere interessiert. Das setzt allerdings voraus, daß du in Kontakt bist mit deiner inneren Stimme, und nun wird es vielleicht ein bißchen schwierig: Diese Stimme hört sich nämlich manchmal einfach nur wie ein weiterer Gedanke an. Wenn du es gewöhnt bist, dir selbst entweder gar nicht erst zuzuhören oder alles anzuzweifeln, was an Gedanken nicht in dein Weltbild paßt, wirst du sie sofort zum Schweigen bringen, indem du sie ignorierst oder – noch bevor du ihre Botschaft überhaupt wahrgenommen hast – Gegenmaßnahmen ergreifst.

Eine sehr beliebte und leider hervorragend funktionierende Weise, die Botschaft deiner inneren Stimme von dir zu weisen, ist die Frage: »Und wie, bitte, soll ich das machen?«

Wäre das eine echte Frage, würdest du mit Sicherheit darauf eine Antwort finden. Aber es ist keine, nicht?

In Wahrheit bedeutet dieser Satz: »Ich sehe keine Möglichkeit, das zu tun, also gibt es auch keinen Weg.« Du könntest dich auf »Ich weiß es nicht, aber ich bin bereit, mich zu öffnen« einlassen, wenn du tatsächlich eine Antwort haben wolltest, aber du weißt selbst sehr gut, wenn du diesen Satz benutzt, daß du das nicht willst, oder?

Ein weiterer dieser »Killersätze« ist: »Das ist aber leichter gesagt als getan.«

Ja, natürlich, es ist immer leichter gesagt als getan. »Ich baue ein Haus« ist auch ein schöner Satz, sehr leicht auszusprechen, aber es erfordert einigen Aufwand, ihn umzusetzen. Dennoch gibt es Menschen, die es schaffen.

»Ach, ich glaub«, sagt Gott, »ich schaffe jetzt ein Universum, ich fange mit so einem hübschen kleinen Planeten an, sagen wir – mit der Erde.«

»Das ist aber wirklich leichter gesagt als getan«, wendet ein Engel ein, der Bescheid weiß.

»Huch, du hast recht«, gibt Gott zu, »dann laß ich das mal lieber«, und löst sich in ein kleines Rauchwölkchen auf.

Was du mit diesem Satz wirklich meinst, ist »Das kann ich nicht, und ich bin auch nicht bereit, mich darauf einzulassen.«

Weißt du, das ist völlig in Ordnung, aber nimm es bitte als das wahr, was es ist: Es ist eine Weigerung, ein aktives Nein. Damit ist es eine Handlung, und für deine Handlungen bist du verantwortlich, ob du es willst oder nicht.

Der nächste Einwand ist auch typisch: »Und wo soll das Geld/die Zeit/die Kraft/die Gelegenheit herkommen?«

Das alles kommt schon, und zwar in dem Moment, in dem du die Verantwortung übernimmst und dich für die Veränderung entscheidest. Warum? Weil du dadurch energetisch das Feld wechselst! Und in der neuen Frequenz gibt es neue Möglichkeiten, Möglichkeiten, die du noch gar nicht kennen kannst, weil du noch gar nicht auf dieser Ebene des Seins angelangt bist.

Ich zeige dir, was ich meine:

Als ich mit meiner Familie im Jahr 2003 nach langem Suchen, Feng-Shui-Zauber, Beten und »Bestellen« in unser entzückendes Häuschen zog, habe ich entschieden, daß ich von nun an freitags nicht mehr in der Krankengymnastikpraxis arbeiten will. Ich hatte gerade das Buch »Loslassen und Reichtum schaffen« beendet, und ich hatte das Gefühl, ich sollte mich auch selbst an das halten, was ich so schlau dahergeschrieben hatte.
Jetzt hatte ich das lang ersehnte Häuschen und meine süßen Katzen, aber ich kam vor lauter Arbeiten nicht dazu, es auch zu bewohnen und mit meinen Lieben zu genießen. Ich verspürte schon lange den Wunsch, einen Tag nur zu Hause zu sein und zu schreiben, und so strich ich also den Freitag aus dem Plan. Nun fehlte mir das Geld, das ich freitags in der Praxis verdient hätte. Aber irgendwas würde mir schon einfallen, dachte ich. Und wenn nicht, nun, ich konnte es zumindest mal ausprobieren, oder? Natürlich kam gleich Angst, denn ich hatte gerade erst einen Seminarraum angemietet, für den ich Miete zu zahlen hatte, außerdem ist das Häuschen auch ein bißchen teurer als unsere vorherige Wohnung. Trotzdem war die Entscheidung klar, denn ich hatte eine klare innere Anweisung.
Ich habe schon so oft Angst ausgehalten und bin mei-

ner inneren Stimme gefolgt, daß ich ein bißchen in Übung bin. Ich konnte die Angst also als das erkennen, was sie ist: emotionaler Dehnschmerz. Und weißt du, was? Keinen Monat später fragte mich der Verlag, der auch meine Bücher verlegt, ob ich nicht ein bißchen für ihn arbeiten wolle, Werbetexte für Neuerscheinungen schreiben zum Beispiel. Ich wußte gar nicht, daß das ein Beruf ist, ich dachte, das machen die Autoren selbst. Ich wäre also niemals darauf gekommen, danach zu fragen. Natürlich sagte ich zu, aber vor allem war ich völlig überwältigt von der Weisheit, mit der ich geführt werde.

Heute, im Januar 2005, habe ich nach vielen Jahren ganz mit Krankengymnastik aufgehört und lebe neben der spirituellen Lebensberatung und meinen Büchern vom Schreiben aller möglichen Texte. Das ist doch wirklich göttlich geführt, oder?

Schaffe also den inneren und äußeren Raum, damit das Leben auf völlig neue und spannende Weise hineinfließen kann! Du kannst alles und jeden benutzen, um deinen Weg nicht zu gehen, sogar deine Kinder, dein Alter oder deine Krankheiten. Und du weißt es soviel besser. Wenn du für einen kleinen Moment die Augen schließt und in dich hineinhorchst, spürst du dann, worum es in Wahrheit geht? Du bist nun bereits ein wenig geübt darin, deine Gefühle wahrzunehmen. Was ist wirklich in dir los? Wie heißt das Gefühl?

Richtig, es ist Angst. Vor dem Ungewissen, vor dem Unbekannten, davor, daß du Neuland erkundest, aus deiner komfortablen Sicherheitszone heraustrittst und dir der Wind der Lebendigkeit um die Ohren weht.

Bemerkst du wieder einmal, wie gut du deine Gedanken benutzen kannst, um deine Gefühle nicht zu spüren? All die Einwände und Fragen sind Gedanken, die dich daran hindern, dich auf deine Gefühle einzulassen. Würdest du deinen Verstand im Sinne der Schöpferkraft nutzen, sähe es möglicherweise so aus:

»Ich weiß, da muß sich was ändern, so geht es nicht mehr weiter, ich spüre es in mir«, würdest du vielleicht sagen, »aber ich habe nicht die geringste Ahnung, wie ich das machen soll. Lieber Verstand, es ist dein Job, Dinge zu verstehen, deshalb heißt du so, bitte öffne dich für neue Impulse, und zeig mir den Weg.« Dann setztest du dich ruhig hin (oder gingest deiner Arbeit nach) und ließest deinen Verstand seine Arbeit tun, wie ein Computer, der seine Programme durchsucht.

Die Datenleitung für deinen Verstand ist deine Intuition, du nimmst darüber sehr viel mehr Informationen auf, als dir bewußt ist. Dein Verstand, der Teil von dir, der die Dinge auf geistiger (im Gegensatz zur emotionalen oder körperlichen) Ebene versteht, macht sich nun, ungehindert durch deine Ängste, auf den Weg und findet mit Sicherheit eine Lösung für dein Problem, zumindest den nächsten Schritt. Und weißt du, was? In dem Moment, in dem dir dein Verstand in Zusammenarbeit mit deiner Intuition seine Antwort präsentiert, spürst du, daß du diese längst kanntest.

Manchmal geschehen sogar Wunder, nämlich immer dann, wenn du dein Problem wirklich und wahrhaftig abgibst. Dann eröffnen sich dir Möglichkeiten, die so spannend sind und so anders als alles, was du dir selbst ausgedacht hast, daß sie uns wirklich wie Wunder vorkommen. Dabei sind es einfach nur göttliche Lösungen!

So. Einige Antworten bin ich dir bislang schuldig geblieben, und bestimmt flackern die dazugehörigen Fragen längst in deinem Bewußtsein auf:

Wenn wir die Schöpfer unserer eigenen Wirklichkeit sind, wie kommt es dann, daß wir, wenn auch unbewußt, überhaupt Krankheiten, Leid, Mangel, Verletzungen und Schmerzen erschaffen? Wieso haben wir uns nicht eine Art innerer Sperre eingebaut, eine Schutzfunktion, die verhindert, daß wir uns im scheinbaren Irrgarten des irdischen Daseins so sehr verlaufen? Wieso verhindern wir nicht auf einer anderen Ebene unseres Bewußtseins, daß wir unsere Schöpferkraft aus Angst und nicht aus

Liebe einsetzen? Wieso lassen wir uns selbst ins offene Messer laufen?

Natürlich könnte man jetzt wieder antworten: Weil wir hier sind, um Erfahrungen zu machen. Aber das kann man ja mittlerweile fast nicht mehr hören. Es hilft mir auch nicht. Diese Antwort befriedigt mich nicht im geringsten. Außerdem könnte ich dann sehr wohl auch andere Erfahrungen bewirken, wieso habe ich nicht beschlossen, die Erfahrung von reiner, purer Lust am Leben zu machen? (Neben der Antwort, die ich dir gleich gebe, gilt zumindest für mich auch folgende: »Weil ich noch nicht darauf gekommen war« … das ändert sich jetzt.)

Keine Seele, die auch nur im entferntesten mit Licht und Liebe verbunden ist, würde sich bewußt Leid und Schmerz erschaffen und ihre eigene Ausdrucksform, nämlich den irdischen Körper, in Angst und Schrecken vor dem Tod verharren lassen, oder? Was soll denn das für eine Schöpfung sein?

Die Antworten auf diese Fragen erkläre ich mir so: Als wir entschieden, uns die Schöpfung in jeder möglichen Dimension und in jeder möglichen Frequenz anzuschauen, als wir also entschieden, eine Expedition in langsamer schwingende Energiefelder zu starten, ahnten wir nur, daß sich diese Felder unangenehm anfühlen könnten. Wissen konnten wir das nicht, denn wir hatten keine

Instrumente, um diese langsam schwingende Energie tatsächlich wahrzunehmen, uns fehlten der Körper, die Emotionen und die Gedanken. Getragen von der unendlichen Liebe der Schöpfung selbst entschieden wir, die wir als Menschen zur Erde kommen wollten, diese Unannehmlichkeiten in Kauf zu nehmen und den Preis zu zahlen, was auch immer es uns kosten würde.

Wir erschaffen uns nicht bewußt Leid, Ärger, Krankheit und Schmerz, ganz sicher nicht. Wir nehmen all das voller Liebe in Kauf.

Um das zu gewährleisten, um sicherzustellen, daß wir wirklich in die am langsamsten schwingenden Energien hineintauchen, haben wir uns eine Art Betonklotz an unsere Füße gegossen. Das, was wir erforschen wollen, müssen wir zunächst erschaffen, aus den Möglichkeiten in die Wirklichkeit umsetzen. (Es gibt zum Beispiel keinen Krieg, keine Armut, keinen Haß, keine zwischenmenschliche Gewalt, wenn wir all das nicht inszenieren. Es ist außerhalb der irdischen Gesetze kein natürlicher Zustand.) Also brauchen wir Werkzeuge, die langsam schwingende Energie herstellen und erfahren können, und das ist ein eigenes langsam schwingendes Energiefeld. So sind unser Emotionalkörper, unser Mentalkörper und unser materieller Körper unsere Werkzeuge und Meßinstrumente zugleich.

Dieser energetische Betonklotz sieht aus wie ein schwarzer oder zumindest dunkler Schleier, der zwischen unserer bewußten Schöpferkraft und unseren Zellen liegt. Es ist, als hätten wir uns selbst verhüllt. Wir gaben unsere Engels- oder Elfenflügel ab, falls wir welche hatten, wir warfen schwarze Mäntel oder Schatten über unser Licht, wir stellen es ganz bewußt unter einen fast vollkommen lichtundurchlässigen Scheffel. Wir wußten, wenn wir das nicht tun, könnten wir keine niedrig schwingenden Energien erzeugen, und wenn sie bereits vorhanden wären, könnten wir sie nicht wahrnehmen.

Ein nichtinkarnierter Engel oder eine andere nichtinkarnierte geistige Wesenheit – du zum Beispiel, wenn du keinen Körper hast – kennt deshalb keine Angst, weil diese Frequenz in seinem Energiefeld schlicht nicht vorhanden ist, er kann damit nicht in Wechselwirkung treten. Ein inkarnierter Engel, eine inkarnierte Seele, kann das durchaus. Als solche haben wir einen Körper, ein Instrument, mit dem wir auch langsamere Schwingungen wahrnehmen können.

Wenn wir in den hohen Frequenzen bleiben, können wir zwar beobachten, aber wir erfahren die Energie nicht in all ihren Daseins- und Ausdrucksmöglichkeiten. Auf diese Weise erforscht man keine Schöpfung! So, wie sich jeder ernsthafte Wissenschaftler und Entdecker selbst auf den Weg macht und seine Erkenntnisse und Erfindungen zunächst am eigenen Leib ausprobiert, so wollten wir die Schöpfung mit allen Sinnen spüren und zwar in jeder Frequenz. Auch in jenen, die sehr weit von unserem natürlichen, sehr schnell schwingenden Energiefeld entfernt liegen.

Erinnerst du dich an Luzifer, den »gefallenen« Engel? Er ist nichts weniger als gefallen! Luzifer nahm sich das andere Ende der Schöpfung vor, spannte den Bogen von den allerhöchsten Lichtfrequenzen hinein in die sehr langsam schwingenden Felder, in denen sich die Energie als Neid, Haß, Mißbrauch und ganz besonders als Angst ausdrückt. Es ist, als trage er Gottes Fackel ans andere Ende des schöpferischen Bewußtseins, als schwinge er sich herab zum dichtesten Punkt der Schöpfung, weil das ja irgend jemand machen muß. Dazwischen, in den Frequenzen zwischen Gott und Luzifer, fächert sich die gesamte Schöpfung auf.

Gott und Luzifer allein wissen, was ihn das gekostet haben muß. Verneigen wir uns vor seinem Schicksal. (Es spielt keine Rolle, wen oder was du an das andere energetische Ende der Schöpfung setzt. Du verstehst aber das Prinzip des Gegenpols, über das ich rede, nicht wahr?)

Wir alle sind kosmische Wissenschaftler, sonst wären wir nicht hier, und natürlich erforschen wir auch die

Bereiche, die energetisch von Luzifer stabilisiert werden. Denn was wäre das für eine Forschungsreise, wenn wir auf halber Strecke kehrtmachten und »zu gefährlich, zu dunkel« jammerten?

Auf der Erde versammeln sich die mutigsten und neugierigsten Seelen des ganzen Universums. Wir kneifen nicht, wir steigen hinab in die Tiefen der Schöpfung. Und um das sicherzustellen, kappen wir scheinbar die Seile nach oben. Wir legen uns selbst Steine in den Weg, damit wir sichergehen, auch wahrhaftig alles zu erforschen und nicht zurückzukehren, bevor nicht auch die letzte energetische Tiefe bezeichnet, klassifiziert und erkannt worden ist.

Wir sind nicht hier, um irgendwelche Einzelerfahrungen zu sammeln. Wir sind Schatzsucher, wir sind Forscher, wir führen die wichtigste und größte Expedition durch, die die Schöpfung überhaupt zu bieten hat. Die Suche nach dem Heiligen Gral ist dagegen ein Kinderspiel. Und die Werkzeuge, die es erst möglich machen, diese Expedition zu erleben, die Informationen zu speichern und zu verarbeiten, sind unsere Gefühle, unsere Gedanken und unser Körper.

Hörst du, was ich sage? Zu speichern! In unserem Körper, in unseren Gefühlen und in unseren Gedanken ist all das gespeichert, was wir an Daten über das Leben auf der Erde gesammelt haben. Krankheiten, alle Krankheiten, sind nichts als gespeicherte Informationen, die sich auf körperlicher Ebene ausdrücken.

Wir haben uns das nicht ausgesucht, wir waren nicht scharf drauf, um es einmal so auszudrücken. Wir nahmen es voller Liebe und voller Vertrauen auf uns, um der Schöpfung und Gott unseren Dienst zu erweisen. Es war einfach mit im Paket. Außerdem waren die meisten von uns so neugierig und versessen darauf, in diesem größten Abenteuer der Schöpfung im wahrsten Sinn des Wortes hautnah dabeizusein, daß wir all diese Umstände lächelnd in Kauf nahmen.

Und hier kommt eine wichtige Frage, die wichtigste, die es überhaupt gibt: Würdest du es wieder machen? Ich meine: Würdest du dich, nach allem, was du weißt und was du erlebt hast, wieder so eifrig und freiwillig melden, um das Leben auf der Erde zu erforschen? Vergiß nicht, Nein ist eine Antwort! Also erlaube dir, ganz ehrlich zu sein. Würdest du deinen Heimatplaneten wieder verlassen, um auf der Erde irgendwelche obskuren Forschungen zu betreiben? Um langsam schwingende Energien zu spüren, zu speichern und deine Erfahrungen und Forschungsergebnisse zu gegebener Zeit zurück ins Labor zu bringen, damit sie dort fachkundig gespeichert werden und als Erkenntnis, als Information jedem Wesen im gesamten Universum zur Verfügung stehen? Und das alles aus reiner Liebe und Freude an der Schöpfung? Wenn du jetzt nein sagst, dann wird es Zeit, dich auszuruhen. Sonst verstehst du nicht, wie du damals überhaupt auf die Idee gekommen bist, bei diesem Unternehmen mitzumachen. Und wenn du nicht mit aller Kraft »Ja« sagen kannst, dann bekommst du deine Schöpferkraft nicht wieder zurück, denn dann bist du ja energetisch gar nicht wirklich da. Dann willst du ja in Wahrheit gar keine Gesundheit erzeugen, sondern schlicht nicht mehr hier sein. Auch das ist völlig o.k.

Zum Wiedergutmachen gehört also unbedingt, dir diese Frage zu stellen und sie ernsthaft und ehrlich zu beantworten. Wenn du mit Nein antwortest, dann geh bitte zurück zu Schritt vier, und schreibe alles auf, was dir den Mut genommen hat, alles, was dir das Leben auf der Erde vergällt hat, alles, was das Schicksal dir zugemutet hat. Vergiß, was ich über Selbstverantwortung und Schöpferkraft gesagt habe. Manchmal müssen wir unsere Sehnsucht nach dem Tod zulassen, die Sehnsucht, die geliebten Menschen oder Tiere zu treffen, die uns das Leben entrissen hat.

Bitte suche dir Hilfe, wenn du das allein nicht schaffst, weil du es nicht allein zu schaffen brauchst. Es gibt Selbsthilfegruppen, Familienaufstellungen, hervorragende Therapeuten, Heilpraktiker, Ärzte deines Vertrauens.

Es gibt Therapeuten, die sich auf Trauerbegleitung spezialisiert haben.

Vielleicht bemerkst du auch, daß du eine echte, klinische Depression entwickelt hast. Dann scheue dich nicht, dich behandeln zu lassen. Es ist vollkommen in Ordnung, Psychopharmaka zu nehmen, wenn es dir den Blick auf das Leben wieder öffnet.

Hol dich bitte unter allen Umständen genau da ab, wo du bist, und wenn du mehr Hilfe brauchst, als du zulassen willst, dann gib deinen Eigensinn und den falschen Stolz ab. Du hast dich wahrscheinlich einfach ein bißchen zu weit in die Dunkelheit vorgewagt und vergessen, daß wir eine Gruppenexpedition unternehmen und uns gegenseitig sichern müssen. Das hier ist kein Einzelkampf, deshalb sind wir so viele. Laß dir bitte helfen.

Dieser Schritt kann viel Zeit in Anspruch nehmen, weil wir nun die volle Bereitschaft für das Leben entfalten wollen. Je weiter du dich von deiner Anbindung an die pure Lebensfreude entfernt hast, je müder du bist, desto unwahrscheinlicher erscheint es dir vielleicht, daß du überhaupt je wieder lebendig und voller Freude sein wirst.

Ich biete dir hier eine Meditation an, ein inneres Bild, das dir vielleicht hilft. Diese Meditation findest du in sehr ähnlicher Form auch in dem Buch »Loslassen und die ideale Beziehung finden«.

Der Speicherkristall

Stelle dir vor, du trägst in dir, vielleicht im Herzen, vielleicht auch an einer anderen Stelle, einen Kristall. Dieser Kristall hat über die vielen, vielen Inkarnationen hinweg alle Informationen gespeichert, die du über das Leben auf der Erde gesammelt hast, alle guten und alle schlechten und besonders jene über Tod und Abschied. Er ist wie eine Computerfestplatte. Und er ist voll. Es wird Zeit, ihn loszulassen und auszutauschen. Dazu bittest du deinen Schutzengel oder eine andere Kraft, an die du dich normalerweise wendest, dich zu einer riesigen Bibliothek zu führen, zu der Chronik, in der alles Wissen des Universums gespeichert wird. (Ob es das gibt oder nicht, spielt keine Rolle, stelle es dir nur einfach vor.)

Wenn du diese Bibliothek wahrnehmen kannst, dann erlaube dem Hüter des Wissens, deinen Kristall vorsichtig aus dir herauszunehmen. Schau, was mit ihm geschieht. Löst er sich in Lichtfunken auf? Wird er irgendwo aufbewahrt? Was geschieht mit all deinem Wissen? Es ist das Wissen, das nur du sammeln konntest. Nur durch deine besondere Art, die Welt wahrzuneh-

*men, konnten genau diese Erfahrungen gesche-
hen. Und genau deshalb bist du auch hier, damit
dieses besondere Wissen durch dich nun dem
kosmischen Wissensspeicher zugeführt werden
kann. Du läßt den Kristall gerne los, denn du
weißt, die Erfahrungen haben dein Bewußtsein
geformt und alles, was du davon brauchst, bleibt
in deiner Aura gespeichert.*

*Nun reicht dir der Hüter der Bibliothek einen
vollkommen neuen Kristall aus reiner göttlicher
Liebe. Er bedankt sich bei dir für all die wichtigen Informationen, die du über Verlust, Krankheit und Tod gesammelt hast und verneigt sich
vor all dem Leid, das du deshalb auf dich genommen hast.*

*Du setzt den neuen Kristall an die Stelle, an die
er gehört. Du spürst es, wenn du ihn in der Hand
hältst. Er trägt völlig neue Informationen über
Lebensfreude und Gesundheit, über Heilung und
Liebe, über das Leben selbst in sich. Vielleicht
spürst du, wie ein farbiges oder weißes Licht
durch deinen Körper strömt, bis in die Aura
hinein, vielleicht spürst du auch Leichtigkeit –
oder auch erst mal gar nichts.*

*Was willst du von nun an verwirklichen? Welche
Erfahrungen willst du in diesem neuen Kristall*

*speichern? Lebenslust? Liebe? Glück? Leichtig-
keit? Gesundheit? Finde die Wörter, die genau
ausdrücken, was du verwirklichen willst, vielleicht kannst du es auch als Gefühl, als Farbe,
als Bewußtseinszustand wahrnehmen. Wenn du
willst, dann kannst du auch einfach »Dein Wille
geschehe« sagen und dir dabei die göttliche Kraft
vorstellen oder sich an sie wenden.*

*Komm dann in deine Zeit zurück, und wisse, daß
nun Raum für vollkommen neue Erfahrungen in
dir entstanden ist.*

Man entdeckt keine
neuen Länder, wenn
man sich nicht bereit
erklärt, für sehr lange
Zeit das Ufer aus den
Augen zu verlieren.

ANDRÉ GIDE

Der neunte Schritt

*Nach und nach erlaubst du dir mehr Lebendigkeit
und Lebensfreude, du machst alles wieder gut,
was du dir selbst zugefügt hast.*

Laß dich vom Leben nicht entmutigen. Jeder, der
dahin gekommen ist, wo er ist, mußte dort
anfangen, wo er war.

RICHARD L. EVANS

Für diesen Schritt mußt du nichts lernen, du brauchst
dich nur an etwas zu erinnern. Du hast die ausdrückliche
Erlaubnis, dich selbst bedingungslos zu lieben. Das
Augenmerk liegt hier auf »bedingungslos«. Du brauchst
nicht hübscher, schlanker, jünger oder gesünder zu sein,
als du bist. Es ist ein natürlicher Zustand, sich selbst
ohne jede Bedingung zu lieben, und wir verlieren diese
Fähigkeit erst dann, wenn wir der berühmten hochgezo-
genen Augenbraue begegnet sind.
Für ein Kind ist es ganz selbstverständlich, daß es
liebenswert ist. Eine Welt bricht zusammen, wenn es

erkennt, daß andere es nur dann mögen, wenn es sich auf eine bestimme Weise verhält, es versteht nicht, wie es nicht liebenswert sein kann, einfach dadurch, daß es lebt und lebendig ist. Alles auf dieser Erde, auf jedem anderen Planeten und im ganzen Universum ist gelebte, offenbarte Liebe der Schöpfung zu sich selbst, einfach deshalb, weil es lebt. Das wissen unsere Zellen, auch wenn wir es nicht spüren.

Denn auch wenn wir es nicht mehr wahrnehmen, sind wir natürlich liebenswert, ohne jede Bedingung. Daß wir nicht mehr in der Lage sind, bedingungslos zu lieben, heißt nicht, daß wir uns erst verändern müssen, damit wir Liebe verdient haben. Das Besondere und Neue ist dabei, du weißt schon, wie es ist, dich selbst bedingungslos zu lieben, an deinem höchsten Glück interessiert zu sein und alles dafür zu tun, es zu erreichen. Du weißt, wieviel Kraft du hast, wenn es darum geht, für dein Glück einzustehen, du hast es nur vergessen.

Kennst du das Gefühl, dich eigentlich völlig o.k. zu finden, du glaubst nur, du wärst es nicht, weil andere dir das einreden? Diese Kraft brauchen wir jetzt. Um zu genesen, wovon auch immer, brauchen deine Zellen deine bedingungslose Liebe, und die mußt du nicht erst entwickeln.

Erinnere dich einfach. Es ist ein natürlicher Zustand, voller Liebe und Lebendigkeit zu sein, das kannst du bei sehr kleinen Kindern erkennen. Sie mögen, von außen betrachtet, häßlich, behindert oder sonst etwas sein (das sage ich jetzt bewußt wertend und herzlos), sie selbst spielen vergnügt und sind so lebendig, wie ihnen das überhaupt nur möglich ist, sogar wenn sie Schmerzen haben. Erst wenn sie von scheinbar mitfühlenden Mitmenschen erfahren, daß sie nicht in Ordnung sind, beginnen sie, sich auch so wahrzunehmen und zu verhalten. (Fühlten wir wirklich mit, so spürten wir die unbändige Lebenskraft der Kinder und nicht einfach nur unsere eigene Angst und Abwehr.)

Das ist eine immens wichtige Kraft. Wenn du dir erlaubst, dich selbst gegen alle Widerstände zu lieben, wenn du deine Selbstheilungskraft darum bittest, dir deinen antrainierten Selbsthaß zu nehmen, dann gesundest du auf einer tieferen Ebene, als du das überhaupt für möglich hältst. Ich meine damit nicht das trotzige »Ich bin rund, na und«, sondern das echte innere Gefühl dafür, daß du eine Einheit mit dir selbst bildest, wie auch immer die aussieht, und daß sie für dich für heute genau so richtig ist.

Echte, bedingungslose Liebe ist der Schlüssel zur Heilung jeder Krankheit. Ich sage damit nicht: »Liebe dich nur genug, dann wirst du wieder gesund«, das klingt geradezu zynisch, auch wenn es letztlich stimmt. Wenn du tatsächlich in der Lage bist, die Frequenz der reinen, bedingungslosen Liebe (in der Mythologie wird sie im Gegensatz zu Eros, der sinnlichen Liebe, Agape genannt, die gegenstandslose Liebe) in deinem Körper zu entfalten, dann bist du direkt angeschlossen an die kosmischen Ordnungskriterien.

Jede Krankheit ist ein Ausdruck einer Störung dieser kosmischen Ordnungskriterien. Im Anhang erwähne ich ein Buch, welches das genau erklärt und dir sogenannte kosmische Symbole an die Hand gibt, mit denen du deine Frequenz verändern kannst.

Reine, bedingungslose Liebe aber wirklich zu leben, ganz gleich, was uns geschieht, ist eine Aufgabe, die viele Inkarnationen braucht. Also hole dich selbst da ab, wo du jetzt stehst, und wenn du deine Krankheit nicht lieben kannst, dann laß es, und erlaube dir, um Hilfe zu bitten. Auch das ist ein Ausdruck von tiefer Liebe zu sich selbst. Dennoch ist reine, bedingungslose Liebe deine Grundschwingung, denn auch du bist angeschlossen an die Frequenz der göttlichen Energie. Wenn du es nicht wahrnimmst, so halte es vielleicht zumindest für möglich, und schau, ob sich dadurch etwas in dir verändert.

Du brauchst auch nicht zu lernen, dich mit deinen Fehlern und Macken zu lieben, du darfst dazu stehen, daß du eigentlich der Meinung bist, daß du gar keine hast. Mögen sich andere an dir stoßen, in dir gibt es eine Kraft, die bedingungslos zu dir hält und eher bereit ist, alle anderen für bescheuert zu halten, als dich auch nur einmal schief anzusehen.

Wir sind alle sehr gut trainiert darin, uns zu hinterfragen und an uns herumzuzerren, ich auch. Und auf bestimmten Ebenen ist das natürlich auch sinnvoll und gut. Aber nicht tief in dir, nicht auf der Ebene des Herzens, nicht da, wo es um Selbstliebe geht.

Bitte erlaube dir, dich bedingungslos zu lieben, mögest du damit auch völlig allein dastehen. Liebe erfordert immer Mut. Und sich selbst zu lieben erfordert den allergrößten Mut, denn die inneren Stimmen schreien sofort, das darfst du nicht, wenn du nicht ein hoffnungsloser Egoist werden willst. Das Gegenteil ist der Fall. Wenn du zuläßt, daß du dich selbst liebst, einfach deshalb, weil du es sowieso tust, dann wird all die Kraft frei, die du brauchst, um die Liebe zu dir selbst zu unterdrücken und zu verschleiern, sogar vor dir selbst.

Noch einmal: Du darfst dich so, wie du bist, lieben. Du tust es ohnehin. Du darfst lernen, dazu zu stehen. Das ist ein natürlicher Zustand, und er wird dich heilen. Ja, du bist in dem Moment heil, indem deine Liebe zu dir selbst wieder ungehindert und ohne jede Bedingung fließen darf.

Dieses und andere Bücher zu lesen, immer wieder nach

Heilung zu fragen und sie zu verlangen, ja, selbst deine Strategien von Schritt vier sind letztlich Ausdruck deiner Liebe zu dir selbst. Du willst für dich sorgen, du willst etwas Gutes für dich erreichen, auch wenn die Wege, die du gehst, dich vielleicht nicht immer ans Ziel führen.

Von diesem Punkt aus kannst du die Liste vom achten Schritt abarbeiten, wenn du das willst – nicht damit, sondern weil du dich liebst.

Wie aber kannst du an diesen natürlichen Zustand der bedingungslosen Selbstliebe anknüpfen? Wenn du wieder eine Beziehung zu dir selbst eingehen willst, wenn du dich selbst kennenlernen willst, wenn du spüren willst, wie sehr du dich in Wahrheit liebst, dann gibt es nur ein Mittel: Verbringe Zeit mit dir selbst.

Vielleicht wird es nun Zeit, meditieren zu lernen, Yoga zu machen oder spazierenzugehen, irgend etwas, das dir den Raum gibt, dich selbst wahrzunehmen.

Ab einen gewissen Punkt in deinem Leben kommst du nicht mehr darum herum, dich deiner inneren Welt zu widmen und die äußere sich einmal für kurze Zeit ohne dich drehen zu lassen. Warum? Weil alles – deine Gedanken, deine Gefühle, dein Handeln – im Heute stattfindet, im Jetzt.

So viele wunderbare Projekte werden nie begonnen, weil wir den Zeitpunkt verpassen, das Jetzt. Du hast nur das Jetzt, es wird morgen nicht leichter, irgendwann mußt du den Schritt tun, wenn du etwas in die Tat umsetzen oder dich spüren willst, und das ist dieser Moment, wann immer dieses Jetzt stattfindet. Die Liebe zu dir selbst findet jetzt statt, genau in diesem Augenblick.

Und wenn du mit deiner Aufmerksamkeit auch nur fünf Minuten in der Zukunft bist – du kennst das: »Schaffe ich es, rechtzeitig die Kinder abzuholen?«, »Wird das Auto anspringen?«, »Ich gehe nachher noch rasch einkaufen.« –, und so weiter – verpaßt du den einzigen Moment des Tages, an dem du Dinge bewegen, gestalten, kreativ sein und nein oder ja sagen kannst, nämlich die Gegenwart.

Du tust es vielleicht trotzdem, aber nicht in der Achtsamkeit und Wachheit, die du brauchst, um zu spüren, was vor sich geht, um richtige Entscheidungen zu treffen, um dich von deiner inneren Stimme führen zu lassen. Wie willst du deine inneren Impulse spüren, wenn du mit deiner Aufmerksamkeit in der Zukunft oder in der Vergangenheit weilst?

Deine innere Stimme spricht immer im Moment zu dir, sie sagt dir nicht, was du morgen abend um sieben machen sollst, sondern gibt dir den Impuls für das Jetzt. Auch deine Liebe zu dir selbst findet immer im Jetzt statt, jenseits aller Bewertungen und Ängste. Sie kann genau dann fließen, wenn du mit deiner Aufmerksamkeit im Jetzt bist. Jetzt, in dieser Sekunde, liebst du dich, da bin ich ganz sicher. Du liebst dich nur dann nicht, wenn du mit deiner Aufmerksamkeit in die Vergangenheit oder in die Zukunft schlitterst, wenn du »Wenn ich erst …« oder »Hätte ich doch nur …« zu jammern beginnst. Diese Liebe ist nicht das überschwengliche Gefühl, das wir vielleicht erwarten, wenn wir das Wort »Liebe« hören, es ist ein tiefes Gefühl von Sicherheit und Einssein mit dir selbst.

Etwas Wunderbares passiert, wenn du lernst, im Jetzt zu sein – deine Angst verschwindet. Angst entsteht nur dann, wenn du mit deiner Aufmerksamkeit in der Zukunft bist. Du befürchtest dann das Eintreffen bestimmter Ereignisse, weil du nicht weißt, was kommt. Und weil du tief innen spürst, daß du nicht wirklich mit deiner Kraft verbunden bist, wenn du nicht im Heute bleibst. Du kannst einfach nicht sicher sein, richtig zu reagieren, wenn du nicht voll anwesend bist.

Wenn du dich um die Zukunft sorgst oder die Vergangenheit nicht losläßt, sind deine Energie, deine Aufmerksamkeit und deine Kraft gebunden, und du lebst dein Leben – das, das gerade stattfindet – nur mit halbem Bewußtsein. Das würde ein wahrer Schöpfer nie zulassen, denn er weiß, er kann nur dann aktiv am Geschehen teilnehmen, wenn er wach und bewußt ist.

»Werde ich das schaffen?« fragst du vielleicht hinsichtlich eines gefürchteten Ereignisses in der Zukunft. Das kann etwas sein, wovon du weißt, daß es kommt, wie zum Beispiel eine Prüfung, oder etwas, was kommen könnte, wie zum Beispiel eine Krankheit.

Diese Frage zeigt, daß du dich bereits als Opfer dieser Situation fühlst, denn du hast vergessen, daß du, erstens, immer die Freiheit hast, eine Situation zu verlassen, und, zweitens, in dem Moment, in der du sie brauchst, um Kraft und Unterstützung bitten kannst und darfst. Du schneidest dich vom Strom des Lebens ab und nimmst nicht teil, wenn du nicht im Hier und Jetzt bist, denn du bist schlicht und ergreifend nicht anwesend.

Wenn du ein für allemal in der Vergangenheit hängenbleiben willst, funktioniert folgende innere Haltung hervorragend: »Das werde ich nie vergessen oder verzeihen.« Na, dann nicht. (Du bist der Schöpfer, du entscheidest. Ich werde darüber nicht mit dir diskutieren.) Damit bist du aber an dieses Ereignis oder an diesen Menschen gebunden.

Es gibt fast nichts, was mehr Energie raubt und dir dein Immunsystem schwächt, als im Groll zu verharren. Dir selbst nicht zu vergeben, was auch immer, ist eines der schlimmsten Dinge, die du dir selbst antun kannst. Traure um die verpaßte Gelegenheit, übernimm die Verantwortung dafür, aber dann erlaube dir weiterzugehen!

Die Verantwortung für etwas zu übernehmen bedeutet, uneingeschränkt zu sich selbst zu stehen und sein

Päckchen (oder Paket) zu tragen. Du brauchst es deshalb nicht zu mögen.

Es wird dir ungeahnte Würde verleihen, wenn du deine Pakete selbst trägst, anstatt sie anderen aufzubürden, sei es der Gesellschaft, dem Finanzamt, Gott, deiner Mutter oder wem auch immer. Sich selbst und anderen zu vergeben heißt nicht, die Dinge gutzuheißen, sondern sie zu lassen, wie sie sind, sie mit allen Gefühlen und Konsequenzen als gegeben hinzunehmen und dennoch endlich weiterzugehen.

»Aber wie mache ich das, wie höre ich auf, der Vergangenheit nachzutrauern oder mich über sie zu ärgern? Und wie kann ich die Zukunft meistern, wenn ich nicht vorausplane?« fragst du vielleicht ziemlich verzweifelt oder auch ein bißchen ärgerlich.

Du hast recht, es scheint schwierig zu sein, weil wir es so sehr gewöhnt sind, mit unserer Aufmerksamkeit überall zu sein, nur nicht in dem, was gerade stattfindet. Besonders deutlich können wir das bei der körperlichen Liebe spüren. Wenn wir geistig und emotional nicht anwesend sind, brauchen wir immer größere Kicks, um Erfüllung zu finden, Kicks, die unsere Aufmerksamkeit gegen allen Sog der Zukunft in das Hier und Jetzt zwingen. Wir alle kennen das, ein, zwei falsche Gedanken und schon ist der Spaß vorbei, nicht?

Wie kommt es überhaupt zu diesem falschen Gedanken?

Weil du nicht da bist, nicht im Hier und Jetzt. Weil du die Empfindungen und den sexuellen Kraftstrom deines Körpers nicht wirklich spürst, sondern nur am Rande mitbekommst. Und je weniger du da bist, desto mehr muß passieren, damit du überhaupt etwas fühlst. Kennst du das?

Oder du läßt es gleich ganz, weil es furchtbar anstrengend ist, wenn du dich nicht wahrnimmst. Aber damit verpaßt du einen wundervollen Teil des Lebens im Körper. Doch zum Glück gibt es eine ganz einfache Brücke in den Moment hinein. Das ist dein Atem. Wenn du auf deinen Atem achtest, kannst du mit deiner Aufmerksamkeit nur im Hier und Jetzt sein, denn das Atmen findet nur da statt. Wenn du möchtest, probiere es doch einfach aus. Ja, jetzt natürlich, wann sonst? Du kennst mich doch mittlerweile.

Schließe deine Augen, lege die Hände auf deinen Bauch, und konzentriere dich auf deinen Atem. Eine Minute lang.

Wenn deine Konzentration nachläßt oder deine Aufmerksamkeit sich wieder deiner Bügelwäsche, den Geldsorgen oder der Krankheit deines Kindes zuwendet (was ich natürlich sehr gut verstehe, es dient nur niemandem, weil du auf diese Weise nichts änderst. Richte sie lieber auf die Genesung deines Kindes!), hole deine Konzentration zurück, möglichst ohne dich zu ärgern.

Und genauso gehen wir den neunten Schritt. Es gibt jetzt keine Ausreden mehr, die Veränderung findet jetzt statt, genau jetzt.

Bitte nimm dir jeden Tag einen Punkt deiner Liste vor, und erfülle ihn. Mach den Arzttermin, die Angst davor wird nicht kleiner, du mußt einfach durch. Ganz gleich, was auf der Liste steht, die unangenehmen Gefühle, die damit verbunden sind, verschwinden nicht. Du schleppst sie nur als Ballast mit dir herum und verhinderst echte Heilung und Erfüllung, und natürlich weißt du das auch.

Wenn du die Schritte bis hierher wirklich gegangen bist, dann hast du sicher Lust, etwas zu bewegen, und den Mut, die Dinge zu ändern, die du ändern kannst. Stelle dich jetzt deinem Leben, stelle dich dem, was du dir bisher geschaffen hast, und wirf das Ruder herum. Das wird niemand anders für dich machen, du hast zwar jede Hilfe, die du dir nur vorstellen kannst, aber aktiv werden mußt dennoch du. Das ist dein Privileg, aber auch deine Aufgabe als Schöpfer deiner Wirklichkeit.

Verpflichte dich vor dir selbst und vielleicht, wenn dir das hilft, vor einem anderen Menschen, die Liste tatsächlich abzuhaken, dein Leben wieder in deine Hände zu nehmen und nach und nach all das zu tun, von dem du weißt, daß es nötig ist. Erwarte bitte nicht gleich Wunder, du wirst wahrscheinlich nicht in zwei Tagen genesen. Aber du weißt, daß du wieder auf dem richtigen Weg bist.

Du weißt, von nun an wird es besser, die Talsohle ist durchschritten, und es geht aufwärts.

Es kann sein, daß dir während des neunten Schrittes der Mut ausgeht, dann gehe bitte zu Schritt drei und bitte um Hilfe. Es kann sein, daß du immer tiefer reichende alte Verhaltensweisen aufspürst, daß du jetzt erst das Ausmaß dessen erkennst, was du dir den ganzen Tag so zumutest. Wahrscheinlich bekommst du nun endgültig zu spüren, wozu deine Krankheit bislang diente. Das macht nichts. Diese Verhaltensweisen sind nicht neu dazugekommen, sondern du nimmst sie erst jetzt wahr, du lebst schon lange damit.

Nimm dir Zeit. Du brauchst nicht alles auf einmal zu verändern. Es kann sein, daß du bestimmte äußere Umstände einfach noch zur Sicherheit brauchst, obwohl sie dir nicht mehr guttun. Laß dir Zeit für die Veränderung, und setze dich nicht unter Druck. Alles, wirklich alles, was du von nun an für dich selbst tust, führt dich in Richtung Genesung. Du mußt keinen neuen inneren Kriegsschauplatz eröffnen, indem du dich überforderst oder streng mit dir umgehst. Jede noch so kleine Veränderung hin zum Guten ist wunderbar, und du darfst dir dafür Applaus spenden.

Bitte wirf dir nicht vor, daß es langsamer geht, als du das von dir erwartest; bitte, greife nicht auf deine alten Verhaltensweisen zurück, um den neunten Schritt zu gehen. Sonst hast du wieder die alten Werkzeuge in der Hand, die Ungeduld, die Angst und den inneren Druck. Tu dir das nicht an. Du kannst beim Umsetzen des neunten Schrittes lernen, sanft mit dir selbst zu sein, liebevoll und geduldig.

Der zehnte Schritt

Wann immer du erkennst, daß du in alte
Verhaltensweisen verfällst,
halte inne, und höre sofort damit auf.
Mache jeden Abend eine kurze schriftliche Inventur,
und überprüfe in aller Aufrichtigkeit,
ob du tatsächlich den Weg der Genesung gehst.

Genesung ist eine Frage der Zeit, aber sie ist
manchmal auch eine Frage der Gelegenheit.

HIPPOKRATES

Nun lernen wir, Schatzsucher zu werden. Wir finden die
Schätze, die Gelegenheiten, die uns das Leben zur Genesung schenkt.
Wenn du aus der Opferrolle aussteigst, wirst du bemerken, wie unsinnig und falsch sie die ganze Zeit über war.
Du wirst erkennen, daß du immer Gelegenheit hattest,
dich anders zu verhalten, auch wenn du sie damals nicht
wahrgenommen hast.
Wir richten mit diesem Schritt unser Augenmerk nur auf
das, was uns dient, und lassen das links liegen, was uns

schadet. Wir beschließen – soweit das möglich ist –, uns nur noch mit Energien zu umgeben, die uns Kraft geben. Natürlich wirst du dich immer wieder in Situationen finden, die dir Kraft rauben, das gehört zu diesem Weg dazu. Aber du weißt jetzt, was zu tun ist. Du bittest deine inneren Heilkräfte um Hilfe, versinkst nicht wie früher im Selbstmitleid oder in der Depression, sondern bittest um Unterstützung. Dann läßt du los, das heißt, du läßt geschehen, was geschehen will.

Wir können uns manchmal nicht aus eigener Kraft helfen, das haben wir im ersten Schritt zugegeben, und das müssen wir auch weiterhin beachten. Sicher wirst du immer wieder feststellen, ganz gleich, wie weit du den Weg der Genesung auch beschritten hast, daß du in mentale Löcher fällst, daß dir auf einmal alles zuviel wird und du dich wie ganz zu Beginn des Weges fühlst. Vielleicht willst du unterwegs aufgeben, oder du spürst, wie sehr du dich bislang angestrengt hast, und wirst mutlos.

Ich will dir keine Durchhalteparolen geben, denn das führte wieder nur zu Kampf und Anstrengung. Wenn du zum Beispiel gegen den Krebs kämpfst und dein Körper immer wieder anders reagiert, als du das willst, dann kommst du nicht umhin, immer wieder zu zweifeln und zu hadern. Kein Mensch ist immer zuversichtlich und stark. Ich kenne das zu gut von mir selbst.

Ich gerate auch immer wieder in Situationen, in denen ich mich vollkommen ausgeliefert fühle, ohne jede geistige Hilfe, so ausgebrannt, daß ich am liebsten meine Sachen packen und auswandern würde. Geographische Therapie nennen das die Selbsthilfegruppen, und du wirst schon wissen, daß das keine echte Lösung ist, jedenfalls nicht, wenn man nicht gleichzeitig nach innen geht. Vor kurzem zum Beispiel hatte ich ein echtes Schlüsselerlebnis:

Ich stellte mir meine Sucht, zu essen und für andere dazusein, wie eine fremde Wesenheit vor. Sie war nicht besonders hübsch, eher hämisch grinsend und unförmig, wie ein niedriges astrales Wesen. Es fühlte sich an, als hätte ich in meinem spirituellen Hochmut vor langer Zeit eine Wette mit ihr abgeschlossen. Meine Wette lautete:
»Ich wette, daß du es nicht schaffst, mich von meinem Weg abzubringen und mich zum Essen oder zum Leute-Retten zu treiben, wenn ich es nicht erlaube. Ich wette, meine geistigen Kräfte sind stärker als deine.«
Erst da habe ich dieses Wesen zum ersten Mal wirklich angeschaut und zugegeben, daß ich die Wette verloren habe. Wenn es will, wenn es sich wirklich anstrengt, dann kann es mich zu fast allem bringen. Ich bin auf Gedeih und Verderb dem guten Willen des Wesens ausgeliefert, das meinen Willen manipulieren kann. Mein

*Wille versagt nicht, wenn ich zum Essen oder zum Ret-
ten getrieben werde, er ist dann untrennbar auf das
Essen oder das Retten fixiert.*

*Es ist ein Irrtum, zu glauben, Süchtige (sich nicht um
sich zu kümmern, kannst du getrost wie eine Sucht
behandeln) hätten einen schwachen Willen. Der Wille
ist nur fehlgeleitet, falsch gepolt. Ich will essen, wenn
ich in der Sucht bin. Ich will dann sogar, wenn ich ehrlich bin, nichts als essen. Genesung und spirituelles
Wachstum (normalerweise mein wichtigstes Anliegen)
stehen erst an zweiter Stelle, wenn die Sucht mich in
ihren Klauen hat.*

*In diesem Moment also habe ich kapituliert. Ich habe mir
die Wahrheit über meinen geistigen Zustand angeschaut und bemerkt, daß dieses Wesen einfach stärker
ist als ich. Wie ich das finde, spielt überhaupt keine Rolle, es ist einfach so. Ich habe es gefragt, was wir als Wettschuld vereinbart hatten, und war bereit, meine Schulden zu zahlen.*

*Zunächst befürchtete ich, ich hätte so einen Unsinn wie
meine Lebenskraft oder mein erstgeborenes Kind als
Pfand eingesetzt, aber zum Glück weiß ich auf höherer
Ebene, was ich tue. So bestand die Wettschuld in der
echten Anerkennung dieser Kraft und einer Umarmung.
Ich gab noch einmal zu, daß es gewonnen hatte, dann
gab ich es frei.*

Wenn ich zugebe, die Wette verloren zu haben, bedeutet das, ich gebe den Kampf wirklich und wahrhaftig auf und wende mich anderen Dingen zu. Ich weiß, es gibt geistige Wesenheiten, die mit meinem Willen Schlitten fahren können. Ich weiß aber auch, daß sie es nur können, wenn ich einen Pakt mit ihnen schließe. Ich befreie mich aus diesem Bann, indem ich die Verbindung einfach beende, den Kampf aufgebe, die Kraft anerkenne, meine Schulden bezahle und weitergehe.

Es ist Zeitverschwendung, einen Kampf zu führen, den du verlierst. Gib dich geschlagen, oder wie lange willst du noch deine Zeit vergeuden? Nutze die Chance der bedingungslosen Kapitulation, dann erst kann echter Frieden entstehen.

Schau, ob du deine Krankheit wie eine Wesenheit wahrnehmen kannst, und frage sie, was ihr vereinbart habt. Mit Sicherheit will sie dir eine wichtige Lektion erteilen. Und mit Sicherheit geht sie weiter, wenn du diese Lektion verstanden hast.

Mir wurde gestern abend klar, daß diese Wette sehr wichtig war. Sie lehrt mich Demut (selbstverständlich gegen meinen bewußten Willen). Ich bin nicht allmächtig, nicht auf der irdischen Ebene. Mein Wille ist hier beschränkt und sehr anfällig. Meine seelische Kraft aber, mein seelischer Wille, ist, wenn sie an den göttlichen Plan angeschlossen ist, schier unermeßlich.

Es gibt nur eines, was du zu tun brauchst, um unbeschreiblich schöpferisch sein zu können: Halte die Gesetze ein, ob sie dir gefallen oder nicht. Für die geistigen Gesetze spielt es überhaupt keine Rolle, ob du an sie glaubst oder nicht und ob du sie wahrhaben willst oder nicht, sie gelten – fertig, aus. Es sind die einzigen Gesetze, denen du unterliegst, denen alles im Universum folgt, und letztlich werden sie sich immer durchsetzen, ganz gleich, was wir auf der Erde veranstalten, um sie zu umgehen.

Nun fragst du sicher, welches denn nun diese geistigen Gesetze sind. Hier nenne ich dir die geistigen Gesetze, die die Engel, welche dieses Buch begleiten, hier geschrieben sehen wollen. (Engel sind Botschafter, und sie stehen dir jederzeit zur Verfügung, ob du daran glaubst oder nicht.)

* *Was du aussendest (und nur das), kommt unweigerlich zu dir zurück. Wenn du etwas in deinem Leben haben willst, dann tu so, als wäre es schon da, und verhalte dich entsprechend.*
  Gleichermaßen gilt: Alles, was du in deinem Leben hast, hast du mit deiner bewußten, aber besonders mit deiner (noch) unbewußten Energie angezogen.

* *Geld ist wie Liebe reine Energie und muß fließen. Wenn du Geld oder Liebe (oder deine Kreativität oder was auch immer) zurückhältst und für schlechte*

Zeiten aufhebst, dann unterbindest du den Fluß und wirst dein Erspartes irgendwann bitter nötig brauchen.

• *Du bist der Schöpfer deiner Wirklichkeit. Dein Bewußtsein – und nur dieses – bestimmt, was du in deinem Leben erlebst und was du wahrnimmst.*

Mitgefühl, Vergebung und Liebe sind die einzigen Schlüssel zu echter Veränderung und Heilung, und sie stehen dir jederzeit zur Verfügung. Alles andere ist Eigenwille und letztlich Zeitverschwendung, auch wenn wir manchmal diese Zeit brauchen.
Das Universum ist multidimensional, und alles ist möglich, wenn du dich auf die entsprechende Frequenz erhebst. Wie du die Welt erlebst, ist nichts als eine Frage deines Blickwinkels.

Und hier ist ein Satz von Stuart Wilde, einem der beeindruckendsten und besten spirituellen Lehrer, die ich kenne:

> *»Es ist wichtig für uns, zu versuchen, nach den Sternen zu greifen, sonst kommt unsere Evolution zum Stillstand und verliert sich in den Unsicherheiten einer sterblichen Existenz.«*

Stuart Wilde sagt auch, daß wir, je besser wir mit unseren Fähigkeiten vertraut sind und mit ihnen umgehen können, desto weniger Angst haben, und umgekehrt.

Welchen Sinn ergibt es, wenn du dich weigerst, deine Fähigkeiten anzuerkennen und zu trainieren, außer dem, daß du dir die schöpferische Energie von anderen erbetteln oder erschleichen mußt? Wenn du deinen Körper fragst, was er braucht, dann weißt du es. Wenn du ihm nicht glaubst oder ihm nicht zuhörst oder dir nicht zutraust, zu verstehen, was er sagt, dann ist das, entschuldige bitte, dein Problem. Aber du kannst dich nicht damit herausreden, daß du es nicht gewußt hättest. Selbst wenn dir Ärzte widersprechen, selbst wenn dir andere sagen, es kann nicht sein, was du spürst, darfst du dir selbst glauben.

Ganz gleich, was in deinem Leben geschieht, und egal, wie absurd es dir erscheint: Es gibt immer eine innere Antwort, und es gibt immer eine innere Notwendigkeit. Es gibt im Universum nichts, was nicht den geistigen Gesetzen unterliegt. Versuche deshalb, das Gesetz zu verstehen, das gerade wirkt, und komm vom Opfertrip herunter.

Dazu will ich dir etwas erzählen: Ich habe neulich einen Brief von einem Verleger bekommen, der sich mit spiritueller und esoterischer Literatur beschäftigt. Er schrieb, er wünsche mir alles Gute und Liebe, obwohl ich das ja nicht bräuchte, weil ich ja, wie ich immer schreibe, selbst dafür sorgen kann, daß mir alles Gute und Liebe geschieht. Außerdem schrieb er, er verstehe nicht, wie ich es auch nur wagen könne, zu sagen, daß Gutes kommt, wenn wir Gutes aussenden, er kenne genug Leute (wahrscheinlich meint er damit sich selbst), die nach landläufiger Meinung »gut« sind und denen dennoch andauernd etwas Schlimmes wiederfährt. – Das ist ein klassischer Opfertrip.

Ich habe mich kurz für den Brief bedankt, aber ich bin nicht weiter darauf eingegangen, weil der Ton nahe an eine Unverschämtheit grenzte. (Früher hätte ich mich übrigens überschlagen, um das klarzustellen und mich in ein besseres Licht zu rücken, ein VERLEGER! Ein Gott! Nichts da. Jemand, der so vehement darauf besteht, mich mißzuverstehen, kommt nicht mehr in den Genuß meiner Aufmerksamkeit, ganz gleich, wie arrogant das jetzt klingen mag. Das sage ich bewußt provokant, damit du verstehst, worum es geht. Trau dich, nicht auf jeden Zug aufzuspringen, der vorbeikommt und dich lockt. Segne ihn, wenn du willst, aber geh bitte weiter.)

Du weißt es mittlerweile besser, oder? Es geht absolut nicht um gut oder nicht gut, und es geht natürlich auch nicht darum, daß du dir alles selbst erschaffen kannst und deshalb niemanden mehr brauchst. Wie soll dir das Leben deine Schöpfungen übermitteln, wenn nicht durch andere Menschen und durch andere Umstände? Es geht dabei um etwas viel Grundsätzlicheres, Tieferes, nämlich um dein Bewußtsein, vor allem um das Bewußtsein, welches du noch nicht wahrnimmst.

Hier ist ein Beispiel für das, was ich meine:
Meine Freundin lag vor kurzem im Krankenhaus. Sie hat eine lange, große Operation hinter sich, und ich stehe ihr bei, so gut ich das kann, und mit so viel Kraft, wie ich aufbringen kann. Sie beklagte sich zu Recht, daß sie sich nicht gut aufgehoben fühle, daß die Schwestern unfreundlich seien und daß sie in keiner Weise die emotionale Unterstützung erhalte, die sie benötige. Als die Stationsschwester ihr auch noch barsch an den Kopf warf, sie habe gar kein Recht auf die bestimmte Ärztin, nach der sie fragte, und daß es in deren Ermessen lege, ob sie nach ihr schaut, brach meine Freundin zusammen.
Wir fragten, was in ihr dadurch berührt wurde und bemerkten ein tiefsitzendes Opferbewußtsein in der Blase (dort wurde sie übrigens auch u.a. operiert). Wir tauschten, wie in der Übung weiter oben beschrieben, den Kristall aus, der diese Information enthielt, und

schöpften Freiheit und Leichtigkeit, vor allem aber angemessene Unterstützung.

Ich massierte ihr dann noch ein bißchen die Füße. In diesem Moment kam die Schwester wieder herein, schaute verkniffen und meinte, so gut hätte sie es auch gern einmal. Ich antwortete, daß sie sicher nicht gerne den Preis der Operation zahlen wolle, um das zu bekommen, aber wenn sie eine Minute Zeit habe, würde ich sie gerne an den Schultern massieren. (Zum Glück kann ich das, aber du hast mit Sicherheit auch etwas sehr Schönes und Hilfreiches zu geben. Die Engel nutzen immer das, was sie zur Verfügung haben.)

Sie setzte sich tatsächlich hin, und ich massierte ihr die Schultern, nicht lang, etwa fünf Minuten. Die Frau war danach wie umgewandelt. Sie brachte Kaffee bis zum Abwinken (bestand auch darauf, ihn selbst für mich zu kochen), versicherte uns, daß sie natürlich die Ärztin hereinschicken werde, sobald diese auf der Station auftauchte, war schlicht wie ausgewechselt. Natürlich. Die Energie war ja auch anders, und die Engel der Liebe und des Mitgefühls konnten wirken.

Das war eine klassische Win-win-Situation für alle Beteiligten, auch für mich, denn ich durfte meinen Beitrag zu diesem echten Systemwechsel leisten. Ich massiere gern, und es strengt mich bei Gott nicht an, ein paar Minuten Energie herzuschenken. Wenn ich spüre, das öffnet die Türen, wird das durch die Freude darüber mehr als aufgewogen.

Das sind die Gelegenheiten, von denen ich zu Beginn dieses Schrittes sprach. Ändere dein inneres System, deine innere Haltung, bestehe von nun an auf Heilung, wie immer die für dich aussieht, und erkenne die Geschenke, die Möglichkeiten. Ich wiederhole es noch mal, mir gefällt der Satz:

Heilung – erkenne die Möglichkeiten!

Der elfte Schritt

Nun wird es Zeit, zu lernen, die Sprache des Körpers und der inneren Weisheit zu verstehen. Bitte ihn von nun an darum, dir zu zeigen, was er braucht und bitte deine göttliche Führung um die Kraft, danach zu handeln.

Außergewöhnliche Heilmittel sind bestens geeignet für außergewöhnliche Krankheiten.

HIPPOKRATES

Liest man den hier angeführten Satz von Hippokrates, so hört es sich an, als sei es ungeheuer kompliziert, ihn konkret umzusetzen. So mußte ich erst mal eine Weile nachdenken, um zu erkennen, worum es darin eigentlich geht. Dabei ist es kinderleicht und vollkommen natürlich.

Folge von nun an einfach deinem Körper. Schlafe, wenn du müde bist. Iß, wenn du Hunger hast. Mache einen Spaziergang, wenn dir danach ist. Und hör mit allem auf, was du tust, weil du glaubst, du solltest es tun, selbst wenn es gesund ist. Du hast verstanden, was ich sage, richtig? Höre auf deinen Körper, nicht auf deine Sucht oder deine Trägheit.

Aber woran erkenne ich die Stimme meines Körpers? fragst du vielleicht. Wenn du auf folgendes achtest, sollte es dir gelingen: Sie ist immer klar, einfach und direkt, und sie zeigt sich über körperliche Symptome (Gähnen, innere Unruhe oder Unlust bei bestimmten Tätigkeiten, Aufregung, wenn du das sonnige Wetter siehst ...)

Warum aber scheint es so schwierig zu sein, auf die Stimme des Körpers zu hören? Wir essen, wenn wir müde sind. Reden uns das Spazierengehen mit zuviel Arbeit aus. Zwingen uns zum Sport, obwohl der Körper Ruhe braucht. Du kennst all die Gründe, warum du das tust, sie sind bei den vorangegangenen Schritten ausführlich beschrieben. Nun wirst du wahrscheinlich feststellen, daß du, selbst wenn du nun bereit bist, anders zu handeln, alte, eingeschliffene Verhaltensweisen hast, denen du automatisch folgst und die du nur schwer ändern kannst. Hier hilft leider nur Übung.

So nimm dir öfter am Tag ein wenig Zeit, in deinen Körper hineinzuhorchen und wahrzunehmen, wie er sich fühlt und was er nötig hat. Um die Sprache deines Körpers wieder zu hören, brauchst du Zeit, und es erfordert den Mut zu ein paar Verrücktheiten.

Die Sprache des Körpers paßt sich nicht deinen vielleicht

allzu starren Alltagsstrukturen an, dein Körper ist eher wie ein Kind. Wenn er tanzen will, dann will er tanzen, wenn er Hunger hat, will er essen, wenn die Sonne scheint und er diese Kraftquelle nutzen will, dann will er alles liegen- und stehenlassen und hinausstürmen. Und wenn du müde bist, zerschlagen, wenn du deine Tage hast oder eine Grippe, dann will er liegen und vielleicht noch eine Wärmflasche auf den Bauch bekommen.

Willst du also die Sprache deines Körpers hören und wieder in der Lage sein, sie zu verstehen, arbeite mit einer großen Bandbreite von Möglichkeiten. Verstehst du: Wenn dein Körper tanzen will, du aber »Tanzen« nicht im Programm hast, dann ist es, als gäbe es in deiner Sprache kein Wort dafür. Wie will dir dein Körper zeigen, was er braucht, wenn du gar nicht weißt, was er meint?

Dazu solltest du wissen, daß dein Körper sehr viel mehr Informationen aufnimmt als dein bewußter Verstand. Wenn du dich zum Beispiel mit Kinesiologie* beschäftigst, dann staunst du, wie viele verblüffende Dinge er weiß, obwohl du bewußt noch nichts davon gehört hast. In der Kinesiologie reagiert dein Körper über einen Muskeltest auf Substanzen oder auf emotionale und geistige Themen. Wenn dich etwas energetisch schwächt, dann sackt der

---

*Kinesiologie: abgeleitet vom altgriech. Wort für Bewegung. K. wird auch die Lehre von der Bewegung genannt. Die angewandte K. befaßt sich mit den Muskeln und stellt eine Verbindung zum energetischen System der chin. Akupunkturlehre her. Das Verfahren der angewandten K. ist der sogenannte Muskel- oder Armtest.

ausgestreckte Arm ganz leicht herunter, wenn der Therapeut darauf drückt, selbst wenn du gegenhalten willst. Wenn dich eine Substanz oder ein Thema stärkt, dann kann er ihn fast nicht bewegen. Das Verrückte ist, daß dein Körper selbst auf Fragen reagiert, die du bewußt wahrscheinlich nie beantworten könntest.

Als ich meine erste Kinesiologie-Sitzung hatte, fragte mich die Therapeutin nach Bachblüten. Ich hatte noch nie von Bachblüten gehört, aber mein Körper kannte sogar deren jeweilige Nummern. Er hat also einen ganz natürlichen Zugang zum morphogenetischen Feld – zu dem Energiefeld, in dem die Informationen wie in einem homöopathischen Mittel gespeichert sind –, auch wenn du nicht weißt, wie das funktioniert. (Nur daß du es vielleicht nicht weißt, bedeutet nicht, daß nicht bekannt ist, auf welche Weise der Körper mit Energiefeldern kommuniziert. Es geschieht über die Chakren und deren direkten Einfluß auf die Hormondrüsen, doch das im einzelnen zu erklären würde hier zu weit führen.)

Dein Körper weiß also genau, was er braucht, um gesund zu werden, und er weiß ebenso, was ihn krank macht! Es wäre doch unsinnig, diese unglaubliche Informationsquelle nicht zu nutzen, oder? So erkenne die Möglichkeiten, wie bei Schritt zehn vorgeschlagen, um der Sprache deines Körpers gewahr zu werden.

Wenn du sie selbst nicht immer verstehen kannst, dann

gehe zu einem »Dolmetscher«. Es gibt mittlerweile sicher auch in deiner Stadt Menschen, die mit Bioresonanz oder Kinesiologie arbeiten. Vielleicht kennst du auch andere Systeme – dann nutze sie! Alles, was dir dazu dient, die Sprache deines Körpers zu begreifen, ist hilfreich. Du kannst sogar die Technik des Familienaufstellens dazu nutzen, deinen Körper und seine Symptome besser zu erfassen.

Bitte, such dir Hilfe. Es gibt jede Menge Spezialisten, die ihre Fähigkeiten gern zur Verfügung stellen. Das öffnet auch deine Kanäle, wodurch du die Zeichen immer leichter wirst erkennen und lesen können – vorausgesetzt, du bist bereit, wahrhaftig zu hören, was dein Körper sagt.

Übrigens: Dein Körper schämt sich nie, wenn er etwas tut, was er liebt und gerne tun möchte, egal, wie dein emotionales System darauf reagiert. Das ist eine riesige Herausforderung, aber es macht dich frei und gesund.

Hier biete ich dir nun eine Übung an, mit der du lernen kannst, die Sprache des Körpers zu verstehen:

Eine Übung

(Du kennst sie möglicherweise aus »Was dir Kraft gibt«):

Nimm dir zehn Minuten Zeit, breite eine Decke auf dem Fußboden aus, und lege dich auf den Rücken. Jetzt atme

ein paarmal tief durch, dann richte deine Aufmerksamkeit auf die Impulse deines Körpers. Folge nun bitte jedem deiner Impulse, und sprich aus, was du tust. Nimm
auch die kleinsten Impulse wahr. Das kann sich so anhören:

»Ich will mich jetzt mal strecken und räkeln ... Ich gäh-
ne ... Ich möchte meine Schultern nach hinten ziehen
und meinen Rücken durchspannen ... Jetzt will ich mich
ganz klein machen und die Augen schließen ... Ich will
jetzt gar nichts mehr tun, nur liegen ... Ach, ich merke, mein linker Fuß will sich bewegen ... Ich will mich
am Kinn kratzen ... Jetzt will ich mir eine Haarsträhne
aus dem Gesicht wischen, sie kitzelt ... Ich will mich
jetzt nicht mehr bewegen und drehe mich auf den Bauch
...« usw.

Es geht nicht darum, daß du dir vorgibst, was du tust,
sondern daß du aussprichst, was dein Körper gerade tun
möchte, auch die kleinsten Impulse wahrnimmst und
ihnen ohne Einschränkung folgst.

Das kannst du natürlich nicht überall tun, mußt du
auch nicht. Aber du solltest mitbekommen, was du
brauchst, damit du angemessen darauf reagieren
kannst. Diese Übung bringt dich in Kontakt mit der
Art und Weise, wie dir dein Körper den ganzen Tag sagt,
was er braucht.

»Schön und gut«, sagst du jetzt vielleicht. »Aber woher weiß ich, daß es wirklich mein Körper selbst ist, der mir die Impulse gibt, nicht meine Sucht oder meine Angst, die sich ja auch durch den Körper ausdrücken können?« Ein Körper ist wie eine Art Wohngemeinschaft. Es gibt eine weise innere Stimme, die genau weiß, was der Körper braucht, um gesund zu sein (wie eine Art Hausmeister). Aber da gibt es ja, wie du nun weißt, auch noch all die anderen Daseinsebenen wie Gefühle und Gedanken, die den Körper als Ausdrucksmittel brauchen und nutzen.

Besonders schwierig finde ich persönlich es, zu hören, was mein Körper an Nahrung braucht. Ich weiß ganz genau, was meine Emotionen wollen, sie schreien ja auch laut genug. Aber was mein Körper tatsächlich nötig hat, will ich oft gar nicht hören, weil sich meine Gefühle gleich dazwischenschalten. Im Moment kann ich nur liebevolle Kompromisse machen.

Mein Körper braucht beispielsweise nie Kaffee, meine Gefühle aber schon. Also haben wir einen Deal, ich trinke eine Menge Wasser, weil ich spüre, das braucht mein Körper, und ich programmiere dieses Wasser mit Liebe und Gesundheit. Und ich trinke Kaffee, ganz bewußt, in Verneigung vor dem, was mir das Leben emotional zugemutet hat.

Das klingt wie ein Opfertrip, aber ich meine es nicht so. Ich trage – wie wir alle – Verletzungen in mir, die bei aller

Bewußtseinsarbeit noch wirken und die ich nicht übergehen kann. Wenn ich mir den Kaffee oder die Schokolade komplett verbiete, dann achte ich meine verletzten Anteile nicht. Ich tue alles, damit sie heilen, aber auch ich muß mich abholen, wo ich gerade stehe, und auch ich muß die alte Härte nicht wieder ansetzen. Ich bin keine Asketin, auch wenn ich manchmal der Meinung bin, ich sollte es sein. Also mache ich Kompromisse. Kompromisse aber kann man nur machen, wenn man beide Seiten kennt.

Mein Körper ist durch viele Erfahrungen ziemlich entmutigt und geschockt. Das habe ich ganz deutlich gespürt, als ich begann, ins Fitneßstudio zu gehen. Plötzlich war alles wieder da, die Angst, peinlich zu wirken, die Abneigung gegen Anstrengung, die Entmutigung, dieses müde Gefühl von Hoffnungslosigkeit. Diese Erfahrungen sind in den Zellen gespeichert und werden durch genau das ans Licht gebracht, was ich eigentlich nicht machen will. Aber es ist nicht so sehr mein Körper selbst, der nicht will, sondern es sind meine Gefühle.

Wenn du gesund werden und bleiben willst, dann ist es sehr wichtig, zu lernen, was dein Körper wirklich braucht, und es deinen Gefühlen in einem angemessenen Rahmen zuzumuten. Ich bin nicht in der Lage, jeden Tag Yoga zu machen und spazierenzugehen, auch wenn ich es für nötig und sinnvoll halte. Manchmal kann ich mich einfach nicht aufraffen, und ich spüre, daß meine Gefühle gerade vom verletzten inneren Kind beherrscht werden, das nach Schokolade schreit und sich auf die Couch legen will. Meine Gefühle nutzen nun mal den Körper als Ausdrucksmöglichkeit, und so übernehmen sie ab und an das Kommando. Aber je länger ich mich damit beschäftige, und je mehr ich bewußt auf die Stimme meines Körpers achte, desto leichter fällt es mir, in den Zeiten, in denen ich die innere Freiheit habe, das zu tun, was er braucht und will.

Du mußt also nicht perfekt sein, um diesen Schritt zu gehen. Es genügt, wenn du bereit bist, die Stimme deines Körpers zu hören und dich mehr und mehr nach ihm zu richten. Zu Beginn ist es wie ein Wechselspiel aus Trägheit und Kraft, aber je häufiger und bewußter du deinen kraftvollen, lebensfreudigen Anteilen folgst, desto mehr werden diese am Leben interessierten Anteile wachsen und das Ruder übernehmen. Und dann wirst du erstaunt merken, wie gut das auch den Anteilen in dir tut, die am liebsten den Tag vorm Fernseher verbringen wollen.

Im Prinzip ist es nichts als ein Wechsel deiner Gewohnheiten, und das braucht natürlich Zeit. Wenn du nur täglich ein paar Minuten auf das hörst, was dein Körper tatsächlich möchte, dann wird diese Stimme deutlicher und kraftvoller, und es wird dir immer leichter fallen, ihr zu folgen. Dann ertappst du dich auf einmal dabei, wie du freiwillig drei Kilometer hin, drei Kilometer zurück zu Fuß einkaufen gehst, obwohl es draußen minus fünf Grad sind, nur, weil die Sonne so herrlich scheint! Das Schlüsselwort ist »freiwillig«, nicht aus therapeutischen Gründen, sondern weil inzwischen all deine Anteile – auch die, die jede Anstrengung schon per se für eine Zumutung halten – mitmachen.

Hier noch einige weitere Übungen:

Tanze! Mach die Musik an, ganz gleich, was du gerne hörst, und erlaube dir, zumindest mit den Füßen zu wippen! Vielleicht merkst du schon schnell, wie dich die Musik in den Bann zieht und wie dein Körper beginnen will, sich zu bewegen. Zu tanzen ist ein Urbedürfnis: Jedes, wirklich jedes Volk hat seine Tänze; kleine Kinder tanzen automatisch, wenn sie Musik hören – und wer weiß, ob das nicht sogar Tiere auf ihre Weise tun. Achte bitte nicht darauf, wie das aussehen könnte. Erlaube dir, deinen Aktionsradius allmählich immer ein wenig mehr zu erweitern. Drehe dich, breite die Arme aus, schüttele den Kopf … Laß deinen Körper tanzen, nicht deinen Verstand und auch nicht die großen Speicher deines Gehirns, in denen deine antrainierten und geübten Tanz-schritte abgelegt sind.

Melde dich zu einer dynamischen Meditation an, oder buche einen Tantrakurs. Tue irgend etwas Verrücktes, irgend etwas, was dich deine körperlichen Grenzen überschreiten läßt und dein Spektrum erweitert. Damit öffnest du den Kanal zu immer mehr Lebendigkeit, und du hörst und verstehst die Stimme deines gesunden, an Kraft und Lebensfreude interessierten Körpers immer besser.

Vergiß nicht, es ist ein natürlicher Zustand, voller Lebendigkeit und Kraft zu sein. So mußt du dich nicht anstrengen, um ihn zu erlangen, du brauchst nur ein bißchen mehr Freiheit, zu tun, was dich letztlich glücklich macht. Setze dich dabei bitte nicht unter Druck. Du lernst erst nach und nach, die Stimme deines Körpers zu verstehen. Jedesmal, wenn du ihr auch nur für fünf Minuten folgst, beginnt das Vertrauen zwischen dir und deinem Körper zu wachsen. Alles, was du für dich selbst tust, ist besser als nichts. Laß dich nicht entmutigen durch Aussagen wie »Wenn Sie nicht täglich mindestens eine halbe Stunde joggen, dann hat es keine Wirkung« etc. Das ist Unsinn. Alles, was du tust, um in Richtung Genesung zu gehen, führt dich näher an dein Ziel.

Das Universum ist äußerst effektiv, und selbst Buddha sagt, daß achtzig Prozent vollkommen genügen, um irdische Perfektion zu erlangen. Das gibt doch Hoffnung, oder?

Eure Aufgabe ist nicht, die Zukunft vorherzusagen, sondern, sie zu ermöglichen.

Antoine de Saint-Exupéry

Der zwölfte Schritt

Laß Lebendigkeit und Gesundheit von nun an deine Meister sein. Lebe in einem von Gesundheit geprägten Energiefeld, und laß andere daran teilhaben, wenn sie das wollen.

Nimm den Platz und die Haltung ein, zu denen du dich ohne jeden Zweifel berechtigt fühlst, und alle Menschen werden es hinnehmen.

RALPH WALDO EMERSON

Aber wie können wir andere an unseren Erkenntnissen teilhaben lassen, ohne zu missionieren und ohne sie zu nerven? Es kann sein, daß dein inneres Pendel zu weit ausschlägt, wenn du diese Schritte gehst, daß du nun wie ein frischgebackener Nichtraucher zum Gesundheitsfanatiker wirst.

Ich war in der Zeit, als ich die zwölf Schritte kennenlernte und zum erstenmal in meinem Leben abstinent vom zwanghaften Essen wurde, unausstehlich für meine Freunde, weil ich der Meinung war, ich hätte den einzigen Schlüssel zum Glück gefunden. Nun, es ist ein Schlüssel zum Glück, aber erstens nicht der einzige, und zweitens schreibe ich jetzt lieber darüber, als diese Schritte unaufgefordert von mir zu geben. Das läßt jedem die Entscheidung, sich damit zu beschäftigen oder nicht.

Beginnen wir damit, zu verstehen, welchen Sinn dieser zwölfte Schritt hat. Sind wir nicht auf dem Weg der Genesung? Verstehen wir unsere Krankheit jetzt nicht besser? Haben wir nicht erkannt, wozu sie in unserem Leben dient oder gedient hat? Wozu sollen wir das weitergeben, möglichst auch noch so, daß sich andere nicht belästigt fühlen? Und was genau sollen wir eigentlich weitergeben?

Was ist noch mal die Botschaft? »Loslassen und Heilung erfahren«. Es ist nicht: »Streng dich an wie verrückt, und geh endlich joggen!«

Wir geben die Idee weiter, daß man in einem Energiefeld von Gesundheit leben kann, das man sich selbst erschafft, nicht die Techniken und medizinischen Möglichkeiten, die wir für uns als Therapie gefunden haben. Wir wissen nicht, was der andere braucht, wir erinnern ihn aber daran, daß er es selbst weiß. Und warum? Damit das Energiefeld von Gesundheit und Heilung stabiler und größer wird. Es ist viel leichter für dich, deine gesunden Anteile zu stärken, wenn andere das auch tun! Sie stärken sich dann gegenseitig, ohne daß ihr auch nur darüber zu reden braucht.

Aber wie genau machen wir das nun? fragst du bestimmt. Ich gebe zu, ich drücke mich vor dieser Antwort, ich weiß es nämlich im Moment wirklich nicht. Ich war immer in der gesegneten Lage, als Krankengymnastin oder als spirituelle Lebensberaterin um Rat gefragt zu werden. Wenn ich in meiner Praxis bewußt sehr aufrecht sitze, dann fragen mich die Leute meistens von selbst, wie ich das mache. Dann erzähle ich ihnen etwas von Energie, die dann besser durch meine Wirbelsäule fließt, und von der inneren Haltung, die durch eine gerade Wirbelsäule gestärkt wird. Meine Behandlungen sind nichts anderes als die Antwort auf eine Bitte um Hilfe.

Wie aber kannst du, ganz gleich, was du beruflich machst, diese Botschaft weitergeben? Denn verbreiten solltest du sie, schon damit du sie nicht selbst wieder vergißt …

Weißt du, was? Ich geh jetzt erst einmal mit meiner Freundin walken. Eine Stunde in der sonnigen Eiseskälte, dann wird mein Kopf wieder frei, und ich spüre, mein Körper braucht das gerade.

Hast du etwas bemerkt? Ich habe dir die Botschaft gerade weitergegeben, indem ich gesagt habe, das braucht mein Körper, und ich richte mich danach … Wärst du hier gewesen und hättest gefragt, wie ich das machte, ob ich nicht arbeiten müsse, hätte ich dir gesagt, daß es nichts Wichtigeres auf der Welt für mich gibt als meine Gesundheit und daß sich mein Tag danach zu richten hat ... auf eine Weise, die dich hoffentlich nicht verärgert hätte. Wir verärgern Menschen nämlich recht schnell und konfrontieren sie mit ihrem eigenen Opferbewußtsein, wenn wir unsere Ansicht zu vehement vorbringen.

Wenn du nicht weißt, wie du mittags um drei in die Sonne gehen kannst, weil dir dein Chef was husten würde, dann wirst du sauer, wenn dir jemand erzählt, daß er genau das macht. Die Leute, die am lautesten schreien, erheben sich übrigens auch sonntags nachmittags nicht von der Couch, aber lassen wir das ... Du erinnerst dich, wir nutzen die Gelegenheiten, die sich uns bieten, und ich habe gerade eine.

Wenn du im Büro sitzt und spürst, daß du eine kurze Auszeit brauchst, dann steh dazu. Verstecke dich nicht, schiebe nichts vor, zeige die Wahrheit. »Ich geh mal raus, mein Körper braucht frische Luft«, »Ich habe richtig Kopfweh, so sehr spüre ich den Zeitdruck. Ich brauch eine kurze Yogaübung.« So in der Art. Du brauchst gar nichts zu tun, um die Botschaft weiterzugeben, du brauchst bloß etwas zu lassen.

Verstecke dich nicht länger. Zeige offen, was du für dich tust, und laß die anderen Witze machen. Stelle dir die

Aura-Soma-Flasche auf den Schreibtisch, wenn dich die Farben beruhigen. Mach deine Atemübung, wenn dein Chef dich genervt hat. Schüttele die Beklemmung im wahrsten Sinne des Wortes ab, wenn du einen unangenehmen Kunden am Telefon hattest. Zieh die Schuhe aus, und rolle für ein paar Minuten einen Tennisball mit ein bißchen Druck hin und her, wenn du Energie brauchst. Lerne ein paar Mudras (bestimmte Fingerhaltungen, die Energiebahnen aktivieren), und wende sie an, wenn du dich danach fühlst.

Die Ruhe und Gelassenheit, die du in der Folge auszustrahlen beginnst, werden ihre Wirkung zeigen. Einige werden wahrscheinlich lachen, andere jedoch werden auf dich zukommen und dich fragen, was du denn im Gegensatz zu früher anders machst. Und wer weiß, vielleicht entdeckst du plötzlich auf einigen anderen Schreibtischen Aura-Soma-Flaschen, Edelsteine und Bachblütenfläschchen? (Das sind natürlich keine Allheilmittel, sondern nur Beispiele für sehr viele Möglichkeiten!)

Rede nicht länger, zeige dich. Wenn du dich schämst oder unsicher wirst, dann nimm es wahr, laß auch das los (du kannst es nicht ändern). Bitte um Kraft, und zeige dich dennoch. Natürlich brauchst du es nicht zu übertreiben, sonst schadest du dir nur wieder, aber ein bißchen Mut darfst du schon aufbringen. Meditiere nicht heimlich, sondern offen, wenn dir danach ist. (Suche dir dennoch einen geschützten Raum, aber verstecke dich nicht. Du kennst den Unterschied, dein Körper weiß, was ich meine. Das eine geschieht aus Achtsamkeit, das andere aus Angst und Angespanntheit.)

Zeige dich, aber nicht, um andere zu missionieren oder gar zu beeindrucken, sondern weil es ein natürlicher Bestandteil eines gesunden Lebens ist und einen festen Platz haben darf. Erlaube dir ausdrücklich, dir deine eigene Botschaft und Lebensweise nicht kleinreden zu lassen, sondern praktiziere sie offen. Offen bedeutet nicht auffällig oder demonstrativ, sondern einfach nur nicht heimlich. Zeige damit, daß du für dich ungesunde Situationen nicht länger duldest, und verändere sie, wie du es gelernt hast – indem du dich an deine Selbstheilungskräfte oder an die göttliche Schöpferkraft (die sich darin ausdrückt) wendest und um neue Wege bittest.

Stimme nie wieder in das Lied derer ein, die darüber jammern, daß »wir kleinen Leute« sowieso nichts ändern können. Erinnere dich statt dessen sofort an deine Schöpferkraft, und trau dich, über sie und die Fähigkeiten eines jeden dazu zu reden, wenn es dir angemessen erscheint.

Nutze bei diesem Schritt die Möglichkeiten, anderen zu zeigen, daß sie viel mehr Kraft und weit mehr Gelegenheiten haben, als es ihnen bewußt ist – aber, und das ist die Kunst dieses Schrittes, laß sie ihren eignen Weg gehen. Wenn jemand dir nicht glaubt oder nicht annimmt, was du sagst, dann laß ihm seine Meinung. Du weißt selbst, wie sehr du dich überrannt und nicht ernst genommen fühlst, wenn dir jemand erzählt, er wüßte, was du brauchst, und er wüßte den Weg der dich zum Glück führt. Du kennst nur deinen eigenen, aber wenn du ihn gehst, motivierst du alle anderen, den ihren zu gehen. Mut steckt an und zeigt auch den anderen ihre Möglichkeiten, da brauchst du gar nicht viel zu reden.

Stehe vor dir selbst und vor deinem Arzt dazu, daß du einen Heilpraktiker konsultierst, falls du das tust. Reagiert er komisch, dann ist er nicht länger ein guter Arzt für dich. Der zwölfte Schritt trennt die Spreu deines Lebens vom Weizen, du erkennst, wer dich läßt, wie du bist, und wer dich nur dann mag oder gar ertragen kann, wenn du dich auf eine bestimmte Weise verhältst. Das ist zwar nicht die Absicht, aber es geschieht dennoch. Mach dich bereit, zu erkennen, in welchem Umfeld du lebst.

Vielleicht denkst du jetzt: Was ist denn das für ein Drama? Ich kann doch einfach erzählen und sagen, daß ich anders zu leben beginne, ohne daß sich jemand von mir abwendet oder sich lustig über mich macht! Dann sei dankbar. Viele meiner Patienten konnten ihrem Arzt nicht erzählen, daß sie auch Heilpraktiker konsultieren.

Er stellte sie bloß und lachte sie aus. Viele meiner Patienten sprachen zu Beginn ihrer Behandlung bei mir nicht mit anderen darüber, daß ich bei ihnen Fußreflexzonenmassage anwendete, obwohl sie mit dem Ergebnis sehr zufrieden waren. Man unterschätzt leicht, wie groß die Angst vor dem Entdecktwerden ist, als müßten wir noch immer Angst vor der Inquisition haben. (Weil wir Fußreflexzonenmassage anwenden! Ist das nicht verrückt, wie tief diese Angst in den Zellen und im Gedächtnis sitzt?)

So erfordert dieser Schritt mehr Mut, als es zunächst den Anschein erweckt. Wenn du dich aber traust, wenn du lernst, dich so zu zeigen, wie du bist, zu dem zu stehen, was du für dich tust, dich dafür auslachen zu lassen oder als faul zu gelten (wer außer Hippies, Arbeitslosen und Schriftstellern geht schon an einem Donnerstagmittag um drei spazieren?), erhältst du das Geschenk der wahren inneren Freiheit. Das ist es allemal wert.

Gehst du diesen Schritt, wirst du dich wahrscheinlich wundern, wie schwer er dir fällt. So leicht es sich anhört, ganz offen besser für dich zu sorgen, so schwer ist es, dazu zu stehen, daß das Ausruhen und Spaßhaben auch dazugehört. Besonders wenn du zur Arbeitssucht neigst (dazu brauchst du keinen Job zu haben; zwanghaft zu putzen oder dir auf sonst eine Weise andauernd Arbeit zu verschaffen kann genauso dazugehören), ist es unglaublich schwierig, sich in seinem Nichtstun zu zeigen. Mir selbst fällt es sehr, sehr schwer, einmal wirklich nichts zu tun, ohne mich zu rechtfertigen und gleich zu erklären, wieviel ich erstens sonst arbeite und daß ich zweitens kreative Pausen brauche. Manchmal ist eine Pause nämlich weder kreativ noch sonst irgend etwas, ich hänge dann einfach so rum und ruhe mich aus.

Wenn du tatsächlich beginnst, deinen Bedürfnissen zu folgen und dich auszuruhen, mehr Spaß zu haben und entspannter zu sein, wirst du eine ganz neue Welt entdecken. Wenn wir in der Arbeitssucht stecken, kommt es uns so vor, als würde die ganze Welt arbeiten wie verrückt und als wäre das die Norm. Wenn wir uns aber zu entspannen lernen, bemerken wir, daß es durchaus sehr viele Menschen gibt, die anders leben und dennoch versorgt sind. Du merkst nach und nach, daß deine frühere Art, dich selbst auszubeuten und krank zu machen, überhaupt nicht nötig war, daß es auch andere, entspanntere Lebensweisen gibt, die nicht weniger erfolgreich sind – wenn man Erfolg als Gesundheit, Zufriedenheit und Erfülltsein definiert.

So zeige dich mit allem, was du für dich tust, wenn es dir angemessen erscheint. Mache es den Katzen nach: Sie sind blitzschnelle, aufmerksame Räuber, wenn es etwas zu jagen gibt. Dann sind sie ungeheuer effektiv und erfolgreich. Wenn es aber nichts zu tun gibt, dann tun sie auch wirklich nichts, und das so selbstverständlich, daß man sich gleich mit entspannt.

Sei sicher, die Menschen werden kommen und dich fragen, was du denn nun anders machst. Dann lächelst du liebevoll und sagst einfach: »Ich folge meiner inneren Stimme, und zwar nur ihr.« Und mehr ist es auch nicht.

Nachwort

Gerade das Buch, von dem ich sicher war, daß ich es würde schreiben können, war nicht leicht für mich und lehrte mich immer wieder Demut.

Mein Ziel war es, dir mit diesem Buch zu zeigen, daß Heilung – auf welcher Ebene auch immer – dann entsteht (und meiner Ansicht nach nur entstehen kann), wenn du lernst, dich deiner inneren Führung anzuvertrauen und der Wahrheit hinzugeben, allein nur dem zu folgen, wovon du spürst, daß es dir guttut, dich nährt und stärkt. Ich wollte dir außerdem zeigen, wie du dich selbst daran hinderst und wie du lernen kannst, das nach und nach zu lassen.

Selbstverständlich habe ich all das, was ich beschreibe, selbst durchgemacht, aber nicht auf die dramatische Weise, die mich vielleicht erst ermächtigen würde, ein solches Buch zu schreiben. Falls du dich also nicht gut beraten fühlst, falls du das Gefühl hast, ich wisse nicht, wovon ich rede, hast du vielleicht recht. Ich weiß nicht, wie es ist, so krank zu sein, daß man dem Tod ins Auge sieht. Ich weiß nicht, wie es ist, Gliedmaßen zu verlieren oder gelähmt zu sein. Doch ich weiß, wie die geistigen

Gesetze wirken, und deshalb bitte ich dich: Folge ihnen, und wende sie so für dich an, wie sie dir guttun.

Genesung findet auf jeden Fall statt, wenn du dich deiner inneren Führung zuwendest, auch wenn sie dich manchmal nicht so heilt, wie du es gerne hättest. Ich verneige mich vor deinem Schicksal, und ich wünsche mir sehr, dir auf irgendeine Weise gedient zu haben.

Gott segne dich.

Susanne Hühn im [Schirner Verlag logo: lesen, fliegen, landen] Schirner Verlag   www.schirner.com

Besuchen Sie Susanne Hühn *auf ihrer Website:*
www.susannehuehn.de

Durch ihren eigenen Genesungsweg aus der Beziehungssucht erkannte Susanne Hühn die fast magische Heilkraft des äußerst erfolgreichen 12-Schritte-Programmes, das verschiedene Selbsthilfegruppen anwenden. In ihrer im Schirner Verlag erschienenen Reihe „Loslassen" zeigt sie, wie man jenes Genesungsprogramm auch in anderen wichtigen Lebensbereichen hilfreich anwenden kann.

Susanne Hühn
Katzengeflüster
Ein besonderer Ratgeber
für alle, die mit Tieren leben und
reden
128 S., Paperback
ISBN 3-89767-218-9
Sehr persönlich, anschaulich und
liebevoll schildert die Autorin in diesem Buch, wie sie lernte, mit ihren
Tieren zu kommunizieren, und er-
läutert die entsprechenden Techniken. Auf ihrer Entdeckungsreise
fand sie den geistigen Ort, an dem
alle Lebewesen die gleiche Sprache
sprechen, die Sprache der Seele und
des Herzens.

Susanne Hühn
Was Dir Kraft gibt
Kleine Rituale für
das tägliche Glück
288 S., Paperback
ISBN 3-89767-172-7
In diesem Buch finden Sie eine
Vielzahl unterschiedlicher Wege,
wie Sie Ihre im Alltag verlorene
Kraft wiedergewinnen können:
Sei es, einen Baum zu um-
armen, ein Brot zu backen, sich
selbst Danke zu sagen u.v.a.m.

Susanne Hühn
CD: Autogenes
Training
Klassische Formelsammlung
zur Entspannung und Ruhe
Spielzeit: 66:56 Min.
ISBN 3-89767-231-6

Susanne Hühn
Traum-Reisen
Phantasiereisen zu
Oasen der Seele
142 S., Taschenbuch
ISBN 3-89767-465-3

Susanne Hühn
CD: Traumreisen
Angeleitete
Meditationen mit
Musikbegleitung
Spielzeit: 55:11 Min.
ISBN 3-89767-222-7

Susanne Hühn
Wie Dein Schutzengel
Dich führt
Meditationen für Kinder
120 S., Taschenbuch
ISBN 3-89767-445-9

Susanne Hühn
CD: Wie Dein
Schutzengel
Dich führt
Meditationen für
Kinder
Spielzeit: 32:26 Min.
ISBN 3-89767-221-9

Susanne Hühn
CD: Weitere
Schutzengel-
Meditationen
für Kinder
Spielzeit: 32:24 Min.
ISBN 3-89767-230-8